# GARANTA SUA SAÍDA DA CRISE

I0412092

*Como Você Pode Sair*

*Forte da Crise Mundial*

LAITMAN

KABBALAH PUBLISHERS

Michael Laitman, PhD

GARANTA SUA SAÍDA DA CRISE:
COMO VOCÊ PODE SAIR FORTE DA CRISE MUNDIAL

Vice-Editor: Claire Gerus
Editores Associados: Eli Vinokur, Riggan Shilstone
Revisão: Michael R. Kellogg
Desenho e Grafica: Baruch Khovov
Desenho da Capa: Richard Aquan
            Ole Færøvik, Therese Vadem
Impressão e Pos-Producão: Uri Laitman
Editor Executivo: Chaim Ratz

PRIMEIRA EDIÇÃO: DEZEMBRO 2009
Primeira Impressão

# ÍNDICE

PARTE I: AS SEMENTES DA CRISE...................  5

Capítulo 1: Com um Mapa e uma Bússola e Ainda Perdidos....  7

Capítulo 2: Lições do Berço da Civilização............  11

Sabedoria na Tenda........................  13

Capítulo 3: As Correntes do Desejo............  17

Nascimento da Vida........................  20

O Amanhecer da Humanidade............  22

Capítulo 4: O Segredo dos Dois Desejos............  25

Como Uma Criança Orfã............  28

Capítulo 5: Humanidade Insaciável............  31

Capítulo 6: Unidade Celular............  35

O Estilo de Nimrod............  38

Capítulo 7: Descendo da Montanha............  39

PARTE II: APRENDENDO COM A NATUREZA .  43

Capítulo 8: Um Caminho Fora do Bosque............  45

Capítulo 9: Criando Mídias Que se Importam............  51

Águas do Amor............  55

PARTE III: ALCANÇANDO EQUILÍBRIO........... 57

Capítulo 10: Como as Artes Podem Modelar Novas Atitudes... 59

Filmes de Esperança........................ 62

Capítulo 11: Encontrando Equilíbrio nas Canções e Melodias.. 67

Canções de Amor Eterno................. 68

Melodias de Harmonia....................... 70

Capítulo 12: Dinheiro, Dinheiro, Dinheiro............ 73

Capítulo 13: Ensine Bem Seus Filhos................. 79

Capítulo 14: Sim, Podemos (e Devemos)................ 87

Capítulo 15: Estar Bem e Permanecendo Bem........................ 93

Curando o Sistema de Saúde Pública............ 96

Capítulo 16: … e Ficando Calmo....................... 99

Capítulo 17: Epílogo............................... 103

Sobre o Autor.................. 107

Sobre Bnei Baruch....................... 108

# As Sementes
# da Crise

A crise global que todos enfrentamos não começou com o colapso do nosso sistema financeiro. Ela, na realidade, já existia muito antes — profundamente enraizada na natureza humana. Para entender como podemos nos libertar dessa crise, devemos compreender porque nossa própria natureza nos coloca em colisão com a natureza e com os outros.

# Com um Mapa e Uma Bússola, e Ainda Perdido

Era cerca de 9 da manha, quando eu estacionei minha velha pick-up Toyota num estacionamento nas rampas norte do Monte Rainier, e o meu amigo, Josh e eu saímos da pick-up. O nosso plano era descer até o Cataract Valley, passar a noite ali, e voltar no dia seguinte. A previsão do tempo anunciava um dia de julho belo e ensolarado, e estávamos confiantes de que até o final da tarde estaríamos fervendo água para o jantar no acampamento.

Uma vez que planejávamos estar de volta ao estacionamento no dia seguinte, a nossa reserva de água e comida era relativamente mínima. Mas uma vez no alto da montanha nunca se sabe. Cerca de uma hora caminhando na trilha, de repente o tempo mudou. Nuvens cobriram a montanha e a vista ficou oculta sob um forte nevoeiro. Sabíamos que a trilha nos levaria ao vale, e esperávamos que o nevoeiro clareasse a medida que descíamos, mas nos enganamos. Não só o nevoeiro ficou tão denso que só podíamos ver a trilha debaixo dos pés, mas a trilha desapareceu debaixo de extensos campos de neve, nos deixando sem a mínima idéia para onde estávamos indo.

Sem uma idéia para onde nos dirigíamos e sem saber a nossa localização, Josh e eu fomos obrigados a confiar no nosso conhecimento limitado de navegação. Relutantes, voltamos para o nosso mapa e bússola para nos guiar (naquele tempo o GPS era ainda um aparelho de grande segredo militar). Tínhamos duas coisas a nosso favor, tínhamos uma vaga idéia aonde estávamos e sabíamos que o nosso destino era o Cataract Valley. Esperávamos poder atravessar os 8 quilômetros restantes de terreno acidentado apenas com o nosso mapa e bússola, mas já estávamos ansiosos a respeito das nossas possibilidades.

Traçamos uma linha reta da nossa suposta posição até o vale, apontamos a seta da bússola na direção e tentamos segui-la o melhor que podíamos.

Sabíamos que a certa altura teríamos que começar a descida para o Vale, mas naquele momento, não podíamos enxergar mais do que 6 metros diante de nós, e o terreno não mostrava nenhum sinal de inclinação. O que tornou as coisas ainda piores foi que o prado por onde tínhamos caminhado se transformou em colinas de seixos que nos obrigavam a estar atentos a cada passo.

Poucas horas depois, com a chegada do anoitecer e o aumento de nossos receios, o céu de repente clareou por um momento. Bem na nossa frente, onde pensávamos que era a descida para o vale, apareceu o cume nevado do Monte Rainier em toda a sua glória.

Foi aí que percebemos que estávamos realmente perdidos. A noite agora estava chegando e não tínhamos comida e água suficientes para muitos dias. Sabíamos que os guardas do parque só começariam a nos procurar após vários dias do vencimento da nossa permissão de estadia na montanha e se um de nós se ferisse, não saberíamos onde nem como obter ajuda.

Enquanto avaliávamos a nossa situação, nossas vozes tensas traíram a nossa ansiedade e logo começamos a nos culpar mutuamente por nossa situação. Por uns momentos a nossa amizade foi esquecida e nossos receios prevaleceram. Mas Josh e eu temos sido amigos por muito tempo e sabíamos como ultrapassar dificuldades. Após uma curta e sombria discussão, juramos que encontraríamos uma trilha no dia seguinte fizesse chuva ou sol, e juntos a encontraríamos. Não querendo nos desviar mais ainda ou encontrar um urso vagando, decidimos ficar ali mesmo e pernoitar no cume.

Para o nosso alivio, o dia seguinte amanheceu com um céu claro e tão azul quanto o oceano num dia de verão. Comparando o terreno diante de nós ao terreno e trilhas marcados no mapa, fizemos uma avaliação da nossa posição. Nos demos conta que se descêssemos do cume, provavelmente cruzaríamos as trajetórias de uma das trilhas que vimos no mapa.

Com os corações esperançosos começamos a descida. Três horas mais tarde, nossos joelhos mal nos sustentavam de tão escorregadia estava a encosta da montanha (tornada ainda mais traiçoeira pelas agulhas de pinheiros que cobriam o solo), ficamos aliviados ao descobrir pegadas na lama. Depois encontramos uma trilha. E logo em seguida vimos uma pequena placa de madeira com a indicação "Cataract Valley".

Nossa sensação de alívio e alegria era indescritível. Sabíamos que as nossas vidas nos haviam sido devolvidas. Porem, mas distinta ainda foi a consciência de que a nossa amizade e o fato de termos ficado juntos, nos tirou de lá. Para mim, o Monte Rainier, e especialmente o Cataract Valley, serão para sempre um testemunho do poder da união.

# Lições do Berço da Civilização

Hoje, quando eu reflito sobre o estado do mundo, minha aventura no Monte Rainier muitas vezes me vem à mente. De muitas maneiras, ela pode ser vista como um forte paralelo com a nossa situação atual.

Quando olhamos para o estado atual da humanidade, este pode parecer muito amargo, com um prognóstico duvidoso de sucesso. Mas assim como meu amigo e eu fomos capazes de nos unir e sair do bosque triunfantes, podemos ser positivos sobre o futuro da humanidade. Para garantirmos o nosso sucesso, tudo o que precisamos é apenas nos unir e colaborar.

De fato, união e colaboração sempre foram os meios da Natureza e da Humanidade para o sucesso. Como demonstraremos nesse livro, quando usamos esses meios, temos sucesso, e quando os evitamos, falhamos.

Milhares de anos atrás, entre os rios Eufrates e Tigre, em uma vasta extensão de terras férteis chamada "Mesopotâmia", vivia uma sociedade próspera numa cidade-estado chamada "Babel." A cidade era cheia de vida e atividade. Foi o centro comercial do que hoje chamamos "o berço da civilização."

Harmoniosa em sua origem, Babel era uma mistura repleta de uma variedade de crenças religiosas e ensinamentos. Profecias, leitura de cartas, leitura de rosto e das mãos, adoração de ídolos e muitas outras praticas esotéricas eram todas comuns e aceitas em Babel.

Entre as mais proeminentes e respeitadas pessoas em Babel, havia um homem chamado Abraão. Esse homem era um sacerdote e adorador de ídolos, filho de um adorador de ídolos, mas ele também era muito receptivo e gentil com os demais.

Abraão notou que as pessoas que ele tanto amava estavam se distanciando. Onde havia camaradagem entre os habitantes de Babel, sem motivo aparente, este sentimento foi sumindo gradualmente. Abraão sentiu que uma força oculta estava presente, a qual separava as pessoas. Mas não conseguia entender de onde vinha tal força e porque não havia surgido antes. Em sua busca, Abraão começou a duvidar de suas convicções e seu modo de vida. Ele começou a imaginar como o mundo era construído, como e porque as coisas aconteciam, e o que era exigido dele para que pudesse ajudar seus camaradas.

## SABEDORIA NA TENDA

Abraão, o investigador, o sacerdote pensante, ficou surpreso ao descobrir que o mundo era baseado em desejos - dois desejos, para ser preciso: doar e receber. Ele descobriu que para a criação do mundo, esses desejos formam um sistema de regras tão profundo e compreensivo que hoje podemos considerá-lo uma ciência. Naquele tempo o termo "ciência" não existia, mas Abraão não necessitava de uma definição. Pelo contrário, ele procurou explorar estas novas regras e aprender como poderia ajudar as pessoas que ele amava.

Abraão concluiu que esses desejos formam uma trama que constitui todo o nosso ser. Eles determinam não só o nosso comportamento, mas o conjunto da realidade - tudo aquilo que pensamos, vemos, sentimos, provamos, ou tocamos. E o sistema de regras que ele descobriu criou um mecanismo que mantém o equilíbrio entre elas, de maneira que uma não excede as outras. Esses desejos são dinâmicos e evolutivos e Abraão percebeu que as pessoas se distanciavam porque o desejo de receber dentro delas havia se tornado mais forte

do que o desejo de doar; e se transformou em um desejo para satisfação pessoal ou egoísmo.

Abraão entendeu que a única maneira de inverter
essa tendência, era a união das pessoas, apesar do crescente egoísmo. Ele sabia que um novo nível de união
e camaradagem aguardava seu povo além da crescente
suspeita que tinham uns dos outros. No entanto, para
atingir esse nível, eles teriam que se unir. Abraão sabia que havia encontrado a resposta para a infelicidade
de seus companheiros da Babilônia e desejou que seus
amigos a encontrassem também.

Mas para que eles descobrissem o que ele tinha
descoberto, e para que recuperassem seu antigo senso
de companheirismo e amizade, Abraão necessitava da
cooperação de seu povo. Ele sabia que não seria capaz
de ajudá-los a não ser que eles quisessem realmente a
sua ajuda. Embora as pessoas soubessem de sua infelicidade, ignoravam o porque. A tarefa de Abraão, portanto, era revelar a eles o porque do seu sofrimento.

Ansioso para começar, ele montou uma tenda
e convidou todos para que o visitassem, comessem e
bebessem, e ouvissem sobre as regras que ele havia descoberto.

Abraão era um homem famoso, um sacerdote, e
muitos vinham para ouvi-lo. Mas poucos estavam con-
vencidos, e os outros simplesmente continuaram com
sua vida, procurando resolver seus problemas da ma-

neira que lhes era familiar.

Mas a descoberta revolucionária de Abraão não passou despercebida pelas autoridades, e logo ele foi confrontado por não menos que Nimrod, o governador de Babel. Num famoso debate entre Abraão e Nimrod, que estava bem atualizado nos ensinamentos de seu tempo, Nimrod foi amargamente derrotado. Mortificado, ele procurou se vingar e tentou queimar Abraão num poste. Porem Abraão fugiu junto com sua família e saiu de Babel.

Agora levando uma vida de nômade, Abraão montava sua tenda onde quer que ele fosse e convidava os moradores locais e os transeuntes de passagem para ouvir sobre as regras que ele tinha descoberto. Em suas viagens, ele passou por Hará, Canaã, Egito, e finalmente voltou para Canaã.

Para ajudar a transmitir o que ele tinha descoberto, Abraão escreveu o livro que hoje conhecemos como *O Livro da Criação*, onde ele introduziu a essência de suas revelações. O novo objetivo da vida de Abraão era explicar e expor suas descobertas para quem quisesse ouvi-las. Seus filhos, junto com outros que aprenderam com ele, criaram uma dinastia de estudiosos que foram desenvolvendo e implementando seu método desde então. *O Livro da Criação*, combinado com a dedicação de seus alunos, asseguraram que as descobertas de Abraão passariam de geração em geração, e em última analise estariam disponíveis para implementação pela geração que verdadeiramente precisasse delas: a nossa geração!

# As Correntes do Desejo

Quando refletimos sobre o estado da Humanidade no tempo de Babel, podemos entender porque Nimrod rejeitou a descoberta revolucionária de Abraão. Até mesmo hoje, depois de a humanidade ter passado séculos procurando por uma única e perfeita fórmula que explicasse tudo, a explicação de Abraão sobre a realidade parece muito simples para ser verdadeira - até que comecemos a implementá-la.

Como dissemos no capítulo anterior, Abraão descobriu que a realidade consiste de dois desejos. Um desejo é doar e o outro é receber. Ele descobriu que tudo o que existiu, o que existe agora, e o que vai existir é um resultado da interação entre essas duas forças.

Quando os desejos trabalham em harmonia, a vida segue seu percurso pacificamente. Quando eles colidem, no entanto, temos de lidar com as calamidades, catástrofes e crises de grande magnitude.

Através dessas descobertas, Abraão entendeu como o universo e a vida tinham iniciado, e como evoluíram. Nosso universo nasceu aproximadamente há 14 bilhões de anos atrás, quando uma enorme e nunca dantes vista e repetida expansão de energia explodiu a partir de um minúsculo ponto. Os astrônomos a chamam de "o Big Bang." Assim como um sêmen e um óvulo se juntam para formar um embrião no momento da concepção, o universo foi "concebido" quando o desejo de doar e o desejo de receber se uniram pela primeira vez no Big Bang. Por esse motivo, tudo que existe em nosso universo é uma manifestação da união das duas forças.

Assim como uma célula de um embrião começa a se dividir e a criar a carne do recém nascido imediatamente após a concepção, o desejo de doar e o desejo de receber começaram a formar a matéria do nosso universo imediatamente após o Big Bang. Em seguida, através de um processo que durou bilhões de anos, e que em certa medida, dura ate hoje, gases se expandiram e contrairam alternativamente, galáxias foram criadas, e estrelas se formaram dentro delas. Cada expansão de gases era uma conseqüência de um desejo de doar, que se expande e cria, e cada contração era o resultado do desejo de receber, que absorve e contrai.

A humanidade, como o universo, é um sistema perfeito compreendido por uma miríade de elementos que interagem entre eles. Assim como bilhões de galáxias compõe o universo, bilhões de pessoas juntas compõem a humanidade. E assim como existem estrelas dentro de cada galáxia, há pessoas no seio de nações e estados. E os órgãos, tecidos e células dentro do corpo de cada pessoa são como os planetas, cometas e asteróides orbitando seus sóis.

A expansão e a contração formam as intermináveis idas e vindas da vida, movidas em um momento pela vontade de doar, e no próximo momento pelo desejo de receber. Quer sejam galáxias, sois e planetas fundindo-se para formar o nosso universo, ou células, pele, e órgãos humanos combinados para formar um ser humano, esta articulação, de desejos está na raiz da criação.

Assim como as estrelas, o Planeta Terra desenvolveu-se pela expansão e contração através da interação dos desejos. Quando a Terra foi formada, sua superfície refletia o fluxo de expansão e o refluxo de contração. A cada vez que o desejo de doar prevalecia, o interior da Terra explodia transformando-se em rios de lava. E cada vez que a força do recebimento prevalecia a lava se esfriava e formava novas faixas de terra. Finalmente, uma crosta bastante forte se formou sobre a Terra para permitir o surgimento da vida tal qual a conhecemos. Se procurarmos bastante, encontraremos as mesmas duas forças – dar e receber – dentro de cada ser criado, tecendo suas magníficas vestes da vida. No processo de tecelagem, o desejo de doar criou primeiro a matéria, como no Big Bang ou como no recém nascido, e o desejo de receber formou a matéria, como nas estrelas e nas diferentes células dos organismos.

## O NASCIMENTO DA VIDA

A história não acaba com a criação do universo. Quando um bebê nasce, ele não pode controlar as suas mãos ou pernas, que parecem se mexer erraticamente. No entanto, há uma enorme importância nestes aparentes movimentos erráticos: depois de muitas repetições, o bebê gradualmente aprende com que movimentos se obtém resultados e com quais não. A não ser que o bebê tente, ele não vai aprender como se virar, engatinhar, e finalmente andar. Em um bebê, a força da vida (o desejo de doar) cria movimento. Mas é o desejo de receber é que dá, a esta força, direção e determina quais expressões do desejo de doar (movimentos) deveriam ficar ou não.

O mesmo princípio pode ser aplicado à primeira infância da Terra. Durante o esfriamento da Terra, partículas movidas pelo desejo de doar movimentavamse ao acaso. O desejo de receber causou a contração destas partículas e formou aglomerados, e apenas os mais estáveis destes grupos sobreviveram, formando átomos.

Os átomos, também, moviam-se ao acaso uma vez que o desejo de doar dentro deles os lançavam erraticamente, e o desejo de receber gradualmente formava grupos de átomos mais sustentáveis. Estas foram as primeiras moléculas. A partir dai o caminho para a primeira criatura viva foi pavimentado.

Em crianças, os desejos de dar e de receber aparecem em formas adequadas às suas necessidades. Primeiro, os bebês desenvolvem capacidades motoras, permitindo-lhes mamar em sua própria mãe, de agarrar o dedo mínimo do pai. Então, as habilidades sociais como um sorriso ou um franzido surgem. Finalmente, desenvolvem a linguagem e capacidades mais complexas. Em cada caso, o desejo de doar gera o movimento e a energia, e o desejo de receber determina a sua forma final.

Durante a criação, esses desejos colaboraram para criar criaturas cada vez mais complexas. As criaturas unicelulares vieram primeiro. Então, essas criaturas aprenderam a colaborar para poder aumentar as suas possibilidades de sobrevivência. Algumas células distinguiam-se na respiração e ficaram encarregadas do fornecimento de oxigênio para as demais células. Outras células aprenderam a digerir eficazmente e se tornaram responsáveis pelo fornecimento de nutrientes para as demais células na "colônia." Algumas células aprenderam a pensar para as demais células e se tornaram o cérebro da "colônia".

Portanto, criaturas multicelulares foram formadas dentro das quais cada célula tinha uma única função e responsabilidade, e dependia das outras das células para a sua sobrevivência. Esta qualidade é o que caracteriza as criaturas complexas tais como plantas, animais e, principalmente, o homem.

## O AMANHECER DA HUMANIDADE

Camada por camada, a vida evoluiu pacificamente em seu curso. Depois vieram os seres humanos. Os primeiros humanos pareciam-se como os macacos. Eles comiam o que encontravam na terra ou nas árvores, e caçavam o que podiam. Eles colaboravam uns com os outros, mas agiam puramente por instinto.

Mas os seres humanos não eram como os outros animais. Eles descobriram que para aumentar as suas possibilidades de sobrevivência, eles deviam se concentrar em desenvolver o seu intelecto em vez de seus corpos. Como resultado, aprenderam como fazer armas para caça, em vez de utilizar suas mãos ou pedras. Eles também aprenderam a utilizar recipientes para juntar e armazenar alimentos. Ao longo do tempo, os seres humanos melhoraram a utilização da sua inteligência, o que aumentou as suas possibilidades de sobrevivência ainda mais. Assim, aos poucos, a raça humana se tornou governadora da Terra.

A capacidade de utilizar as ferramentas para aumentar a produção alimentar e construir melhores abrigos nos ofereceu uma possibilidade única, não disponível à outras criaturas: pensávamos poder modificar o nosso meio ambiente para adaptá-lo as nossas necessidades, em vez de nos mudarmos para nos ajustarmos melhor aos ditames da natureza. Este foi o elemento chave na evolução da humanidade desde então.

A constatação de que poderíamos mudar nosso entorno para satisfazer os nossos desejos mudou o futuro da humanidade para sempre. Não dependíamos mais da natureza, mas de nossos próprios recursos. Esse ponto foi o nascimento daquilo que hoje dizem ser "civilização".

O alvorecer da civilização, cerca de dez mil anos atrás, foi lindo. Melhoramos as nossas ferramentas de caça, desenvolvemos a agricultura, inventamos a roda, e vimos a vida passando de boa para melhor. O único problema na nossa capacidade de constantemente melhorar as nossas vidas era que essa habilidade nos fez sentir mais poderosos do que realmente somos, e começamos a nos sentir superiores a Natureza, o que provou ser a raiz de todos os males.

# O SEGREDO DOS DOIS DESEJOS

No capítulo anterior, dissemos que o desejo de doar cria a matéria, e o desejo de receber dá a forma. Os humanos não são exceção à regra: recebemos a energia de vida do desejo de doar, e somos formados pelo desejo de receber. No entanto, desde que soubemos que podíamos mudar os nossos arredores para satisfazer os nossos desejos, nos focalizamos inteiramente no desejo de receber. Tornamo-nos ignorantes do fato que recebemos energia e vida não pelo desejo de receber, mas pelo desejo de doar.

Os seres humanos são uma espécie especial: desde que percebemos que poderíamos mudar os nossos arredores para o nosso benefício, desenvolvemos maneiras cada vez mais sofisticadas de fazê-lo. Aprendemos que podemos usar a nossa inteligência, em vez de nossa força física para aumentar nosso prazer.

No entanto, para aumentá-la de modo eficaz, precisamos saber que partes de natureza podemos mudar, quando podemos mudá-las, e como. Por exemplo, a agricultura é uma mudança de natureza porque em vez de colher aveia selvagem, por exemplo, podemos domesticá-la, cultivá-la num campo, produzir muito mais e colhe-la mais facilmente. Mas para evitar danos ao meio ambiente, os agricultores devem levar em consideração inúmeras informações, para ter certeza de que não prejudicarem o equilíbrio global .

E para podermos manter esse equilíbrio, precisamos ter consciência de todos os elementos envolvidos na criação do meio ambiente, e em primeiro lugar, o desejo de doar e o desejo de receber, e como eles interagem. Caso contrário, é como se estivéssemos tentando construir uma casa sem saber como fazer uma forte e sólida fundação ou planejar o número de quartos sem saber quantas pessoas vão viver neles.

A interação entre os dois desejos nos ilude porque é a própria base da nossa composição, e por isso reside em um nível mais profundo do que a nossa consciência. Mas uma vez que entendemos como esses desejos interagem entre si para criar vida, podemos colocar esta informação em prática e descobrir como nos beneficiar dela.

Ao mesmo tempo, se construímos nossas vidas levando em conta os dois desejos, nosso bom senso será constantemente desafiado, nos encontraremos considerando ações e atitudes que não fazem sentido para o nosso desejo de receber, que quer apenas receber. Por exemplo, de que serviria eu dar algo para alguém que eu não conheço, de quem não me importo, e que jamais me retribuirá o favor? Não faz nenhum sentido para o meu desejo de receber.

Se você sugerir que ao agir desse modo conheceria a outra metade da realidade, o desejo de doar, e que eu entenderia como a força que cria a vida funciona, eu provavelmente diria que o senhor necessita de um terapeuta, antes de reconhecer que o que me diz tem valor.

Quando se pensa nisso, é muito fácil simpatizar com Nimrod, o governador da antiga Babel. Muito provavelmente, ele quis apenas proteger seus súditos de Abraão, o anarquista. Abraão pregava a união como uma cura para a crescente alienação e separação que perturbava os residentes de Babel. Ele propôs que a única razão pela qual a afinidade entre as pessoas estava se dissipando  era o desconhecimento da existência do outro desejo, o que cria a vida  - o desejo de doar. Se eles soubessem (e ele tentava lhes  contar isso), eles poderiam se  relacionar entre eles de uma forma mais equilibrada e  colher a experiência de vivenciar a totalidade da realidade, com os dois desejos.

Mas porque ninguém mais teve a sorte de fazer essa descoberta em Babel  além de Abraão, ele parecia mais um excêntrico do que um salvador. Nimrod pensou que os argumentos de Abraão eram não só sem sentido como também uma  ameaça para a ordem de vida no seu domínio. E o fato de que ele era o filho de um famoso e respeitado produtor de ídolos, inquietou Nimrod ainda mais. As pessoas estavam alegremente adorando seus ídolos, e Nimrod não quis interferir em seu modo de vida.  Ele não conseguia ver que os dias da felicidade da  comunidade estavam contados.

Portanto, Nimrod recusou-se a aceitar este fato e a  maioria de seus subordinados o seguiram -para sua final ruína.

## ÓRFÃO DE MÃE

Para compreender porque a ignorância sobre a vontade de dar é tão prejudicial, podemos pensar na relação entre o desejo de doar e o desejo de receber como a relação entre uma mãe e seu filho. Em uma relação saudável, o bebê conhece a sua mãe e sabe a quem recorrer quando está com fome, frio, ou cansado. Mas, e se o bebê não tem mãe? A quem ele se voltaria para satisfazer suas necessidades? Quem o alimentaria, vestiria, manteria aquecido e amaria? Ele teria que tomar conta de si mesmo. Quais seriam as chances de sobrevivência para esse pobre bêbê?

Desde o dia fatídico quando Nimrod expulsou Abraão de Babel há 4.000 anos atrás, a humanidade tem estado como o bebê, tentando levar a vida da melhor maneira que pode. Ficamos confusos, mas nos separamos do desejo de doar, a força da vida que nos alimenta e ao resto do universo.

Como uma criança órfã de mãe, temos sido privados de orientação, tentando aprender a sobreviver por tentativas e erros. Nos nossos esforços para encontrar uma forma sustentável de vida, experimentamos viver em clãs, escravidão, em democracia grega, feudalismo, comunismo, capitalismo, democracia moderna, fascismo, e até nazismo. Temos procurado consolação para os nossos receios do desconhecido na religião, no misticismo, filosofia, ciências, tecnologia, arte, e, na realidade, em todas as áreas de ideologias e compromisso humanos. Todas essas ideologias e buscas nos prometiam uma vida de felicidade e nenhuma delas cumpriu o prometido.

Sem estarmos conscientes do desejo de doar e da necessidade de equilibrar- nos com ele, tal como todos os outros elementos na natureza, temos atuado exclusivamente em o nosso desejo de receber. Assim criamos sociedades deformadas, desenfreadas em explorações e tiranias.

É verdade que a humanidade alcançou grandes realizações, tais como a medicina moderna e a produção abundante de alimentos e energia. Mas quanto mais progredimos, pior uso de nossas conquistas fazemos, aumentando a diferença entre nós e a crescente injustiça social .

Não é culpa de ninguém que as sociedades humanas estejam deformadas e intrinsecamente injustas. Sem conhecer o desejo de doar, ficamos apenas com uma opção na vida: receber aquilo que podemos sempre que possível. Por isso, aqueles que estão sendo explorados hoje, serão exploradores amanhã se chegarem ao poder, porque quando trabalhamos com apenas o desejo de receber, então tudo aquilo que queremos é receber.

# HUMANIDADE INSACIÁVEL

O nosso mundo em perigo é realmente o triste resultado da falta de reconhecimento do homem do desejo de doar. Em contrapartida, o resto da natureza é um magnífico exemplo de equilíbrio entre os dois desejos. Nos diversos ecossistemas que definem o Planeta Terra, cada criatura tem o seu papel. O sistema é incompleto se apenas mesmo um único elemento é omitido ou deficiente, seja ele um mineral, um vegetal, ou um animal.

Um relatório de alerta apresentado ao Ministério da Educação dos Estados Unidos, em Outubro de 2003 por Irene Sanders e Judith McCabe, PhD, demonstra claramente, o que acontece quando violamos o equilíbrio da natureza. "Em 1991, uma orca—uma baleia assassina - foi vista comendo uma lontra marinha. Normalmente as orcas e lontras vivem pacificamente. Assim, o que aconteceu? Os ecologistas constataram que as percas e os arenques estavam em declínio. As Orcas não comem esses peixes, mas as focas e os leões marinhos os comem. Focas e leões marinhos são o que as orcas normalmente comem e a população desses também declinou. Assim sendo, as orcas privadas das focas e leões marinhos, começaram a se alimentar de lontras marinhas em seu jantar.

Portanto, as lontras desapareceram porque o peixe que elas nunca comeram desapareceu. Agora, as poucas lontras dispersas não estão mais ali para comer os ouriços do mar, causando um aumento explosivo na população de ouriços. Mas os ouriços vivem no fundo do mar nas florestas de algas marinhas, e assim eles estão acabando com as algas. As algas serviam de abrigo para peixes que alimentavam gaivotas e águias. Assim como as orcas, as gaivotas podem encontrar outro tipo de alimento, mas as águias não podem e estão em perigo.

Tudo isto começou com a diminuição de percas e arenques no oceano. Por quê? Bem, os Baleeiros japoneses tem matado a variedade de baleias que comiam os mesmos organismos microscópicos que alimentam os escamudos [parente do bacalhau]. Com mais peixes para comer, os escamudos prosperaram. Assim, eles por sua vez, atacaram as percas e os arenques que eram alimentos para as focas e os leões marinhos. Com o declínio da população de leões marinhos e focas, as orcas se voltaram para as lontras.

Assim, a verdadeira saúde e bem estar são alcançados apenas quando existe harmonia e equilíbrio entre todas as partes que compõem um organismo ou um sistema. No entanto, estamos tão inconscientes da outra força da vida, que não podemos alcançar esse equilíbrio, ou mesmo positivamente definir o significado de "saudável".

A definição de saúde na Enciclopédia Britânica Concisa, assimila bem o nosso sentimento de confusão: "Boa saúde é mais difícil de definir que uma saúde precária (que pode ser igualada à presença de doença) porque ela deve transmitir uma noção mais positiva do que simples ausência de doença." Mas porque não temos nenhuma percepção da força positiva da vida, não podemos definir um estado positivo de existência.

Todos nós temos sonhos, e todos nós queremos que eles se realizem. Mas a triste verdade é que nós nunca sentimos que realizamos todos os nossos sonhos porque mesmo que o façamos, outros novos vem substituir aqueles que já realizamos. Como resultado, nunca nos sentimos satisfeitos. E quanto mais nos esforçamos para gerar riqueza, poder, fama, e tudo o mais que consideramos prazeroso, nos tornamos mais insatisfeitos, e mais desiludidos.

Assim, quanto mais temos, mais frustrados e desiludidos ficamos, porque iremos nos esforçar mais ainda para encontrar a felicidade; falharemos mais freqüentemente, e mais amargamente. O que explica que nos países mais ricos as taxas de depressão são maiores.

Ironicamente, há um aspecto positivo na depressão. É uma indicação de que desistimos da maneira como Nimrod se concentrava exclusivamente no nosso desejo de receber. As pessoas que estão deprimidas são aquelas que não vêem qualquer perspectiva de alegria ou felicidade no futuro. Elas são muito experientes em falhar na vida para serem atraídas para mais uma tentativa de felicidade. Mas tudo que elas necessitam para curar a depressão é perceber que existe a outra metade da realidade, a "metade do doar." Se pudermos ajudar essas pessoas a ver que elas têm tentado sugar alegria de um vazio - o desejo de receber - a força que só sabe receber e não como doar, vai trazer de volta toda a esperança e a energia que perderam na depressão.

Na verdade, a realidade é uma criatura de duas pernas, e temos utilizado apenas uma delas. Por que então, nos surpreendemos ao notarmos que a realidade é aleijada?

# Unidade Celular

Como Josh e eu no Monte Rainier, a humanidade tem se perdido em loucuras por gerações. Como Josh e eu, a humanidade não ouviu o s primeiros sinais de alerta de problemas eminentes. E também como Josh e eu a humanidade seguiu seu caminho, confiando nas ferramentas que possuía apesar de ser cega para metade da realidade, como se uma névoa (ou catarata) tivesse coberto seus olhos. É por isso que hoje estamos nesta crise maciça e global.

Mas a parte que mais me lembra a maior parte das minhas experiências é o fato de que a única maneira de resolver esta crise é nos unindo uns com os outros. Desta vez, na verdade, se trata da sobrevivência de todos ou de ninguém.

A média de células existentes em um corpo humano adulto é cerca de 10 trilhões(10.000.000.000.000). Colocadas uma do lado da outra, elas poderiam circundar a terra 47 vezes! Nenhuma delas é autônoma. Pelo contrário, todas elas trabalham em perfeita harmonia para apoiar e sustentar o corpo onde vivem, às vezes à custa de suas próprias vidas. Como resultado, sua "consciência vai muito além das suas membranas celulares e abrange todo o corpo. A harmonia entre as células saudáveis é o que faz do corpo saudável ser uma máquina bonita e perfeita.

Um corpo saudável tem um mecanismo de manutenção tão eficaz que se apenas uma célula negligenciar a sua função e trabalhar somente para si, o corpo detecta essa célula e a cura ou a mata. Se não obedecer ao governo do corpo, nenhum organismo jamais poderá ser criado porque suas células não seriam capazes de colaborar e trabalhar para o benefício de todo o corpo.

De fato, uma célula que trabalha para si em vez de para o corpo é chamada de "célula cancerosa". Quando essas células conseguem se multiplicar, a pessoa desenvolve o câncer. O resultado final do câncer é sempre a morte do tumor. A única incógnita é saber se o tumor vai morrer porque foi morto pelo corpo ou os remédios, ou porque ele matou seu corpo hospedeiro, causando também sua própria morte. Se estivermos ou não conscientes de que quando agimos somente para nós mesmos, negligenciando as necessidades do todo, nos tornamos células cancerosas num corpo chamado "humanidade".

Antes de perceber que podemos mudar o meio ambiente para adaptá-lo às nossas necessidades, éramos células saudáveis na humanidade, em harmonia com a natureza. Mas depois de perceber que poderíamos "curvar" a natureza para o nosso benefício, nós nos divorciamos dessa harmonia. Portanto, para evitar a interrupção do equilíbrio da natureza , temos de nos tornar conscientemente harmoniosos com ela.

No entanto, ainda não fomos capazes de fazê-lo. Porque não estávamos conscientes da interação entre o desejo de doar e desejo de receber, temos aceito como coisa certa tudo que vem da natureza acreditando que ela estaria sempre à nossa disposição independentemente do nosso comportamento.

Em sistemas integrados complexos, a regra é que o sistema dita e os indivíduos produzem, exatamente como aconteceu com o exemplo de células no organismo. Enquanto a humanidade cresceu em número e começou a construir sociedades cada vez mais complexas, a nossa necessidade de adaptação às regras dos sistemas integrados tornou-se mais premente.

## O ESTILO DE NIMROD

Naturalmente, Nimrod não quis aceitar a regra de sistemas integrados que Abraão introduziu. Ele era o governador de Babel, e aqui estava um dos seus súditos dizendo-lhe que ele, o governador da maior terra do mundo, deveria se render a uma lei superior do que a sua própria.

Fiel ao egoísmo humano natural, Nimrod não pôde constatar que seu caminho, e o de seus pais, de seguir o desejo de receber, tinha sido errado, e que mudanças eram necessárias. Para preservar a maneira como a humanidade se edificou até esse ponto, Nimrod não teve outra alternativa senão tentar eliminar o risco. Ele tomou a atitude que a raça humana tem utilizado desde o dia em que as armas foram inventadas pela primeira vez, e decidiu destruir Abraão.

Embora ele não tenha conseguido matar Abraão, ele o expulsou de Babel. Mas a Babel de Nimrod era demasiada grande para existir sem aplicar a regra de sistemas integrados. E sem se saber como unir o povo de Babel, cujos habitantes atuavam sob os seus desejos de receber, os Babilônios não puderam ficar juntos e a linda megalópole se desintegrou.

# DESCENDO DA MONTANHA

Se Josh e eu tivéssemos nos separado no Monte Rainier, eu não poderia estar hoje  escrevendo estas palavras.  Para minha sorte, a nossa amizade resistiu. (Também ajudou o fato que tínhamos apenas uma bússola e um mapa, assim não nos sobravam outras opções). Mas a partir do momento que decidimos nos empenhar juntos, sentimos um alívio tão grande  que era como se já tivéssemos encontrado o caminho.

É certo que a descida do cume não foi fácil. Meus joelhos levaram meses para se recuperarem do esforço, e minhas costas nunca voltaram a ser as mesmas. Mas vou sempre guardar com carinho a nossa sensação de estar juntos quando nós cuidadosamente descíamos o lado escorregadio da montanha, verificando constantemente se o outro estava bem.

Poucos minutos antes da descida, nos encontrávamos rodeados por uma floresta espessa que engolia a luz solar. Atrás de nós estava a montanha, e muito à frente e muito abaixo de nós estava o fundo da ravina. E nós, juntos, fomos escalando para baixo um declive mais íngreme do que eu poderia jamais imaginar. Ocasionalmente, eu parava para descansar os meus joelhos numa pedra que sobressaía das agulhas, e eu poderia olhar com admiração as árvores, pensando, "Elas devem estar fixas na terra com pregos. Não havia outra forma de explicar como elas se mantinham de pé."

Enquanto estávamos literalmente pendurados por nossos pregos para evitar a queda, o poder de nossa união nos apoiou. Hoje, eu sei que foi isso que nos salvou.

Como numa velha canção que eu gostava quando era criança e que dizia que somente nas montanhas você fica sabendo quem são seus verdadeiros amigos. Agora eu sei exatamente o significado daquela canção.

Mas a crise que todos nos estamos enfrentando hoje exige uma unidade que vai além da amizade entre indivíduos. Unindo todas as partes da humanidade haverá implicações muito mais profundas do que salvar a vida de alguns aventureiros. Precisamos nos unir não porque é mais divertido (embora o seja), mas porque precisamos descobrir o desejo de doar, a parte da natureza que esquecemos por milênios. A única maneira de descobrir é a de emular. Quando a emularmos, descobriremos de repente que ela realmente existe em cada aspecto de nossas vidas, de nossas células até as nossas mentes.

Como seres sensíveis, só podemos perceber a existência de algo se conseguirmos sentí-lo. Vivemos em um "oceano" composto pelo desejo de doar, mas só sentimos este desejo quando ele "reveste" alguma forma de prazer. Nós nos focamos naturalmente no prazer que decorre de objetos ou incidentes que cruzam o nosso caminho através da vida, mas não é sempre apenas o desejo de receber. Em vez disso é uma combinação dos dois: o desejo de doar cria uma nova sensação de possível prazer e o desejo de receber molda este prazer na forma de, digamos, uma deliciosa fatia de bolo, um novo amigo, fazer amor ou ganhar dinheiro.

Mas o novo aparecimento do desejo de doar que estamos sentindo hoje, não é um aparecimento comum. Este desejo não é por sexo, dinheiro, poder, ou fama. Desta vez, é um desejo para se conectar. Este é o motivo fundamental por trás do enorme crescimento das redes sociais na Internet. As pessoas precisam se conectar porque elas já se sentem conectadas; agora, elas só precisam saber como fazê-lo de maneira a realmente preencher as suas necessidades. No entanto, a única forma de se sentirem totalmente conectadas é estudar a força que liga todos os indivíduos em um único indivíduo: o desejo de doar.

Assim sem mais delongas, vamos ver como podemos trazer o desejo de doar para as nossas vidas.

# II

## Aprendendo Com a Natureza

A melhor maneira de corrigir os erros cometidos é aprender com aqueles que fizeram as coisas certas. Nesse caso, a natureza é o nosso modelo exemplar e de êxito comprovado, portanto ela deveria ser nossa professora.

# Um Caminho Para
# Sair do Bosque

Para ver como podemos deixar o desejo de doar entrar em nossa vida, vamos olhar como a natureza o faz. Percebemos o mundo exterior usando os nossos sentidos, e acreditamos que a imagem da realidade fornecida pelos nossos sentidos é exata e de confiança. Mas será que é?

Quantas vezes andamos com um amigo, e o amigo ouve algo que nos escapou? Bem, só porque nós não ouvimos aquele som, não significa que não houve nenhum som. Tudo que significa é que os nossos sentidos não o detectaram, ou que não prestamos atenção. Ou talvez o nosso amigo estivesse alucinando!

Nas três possibilidades, a realidade objetiva é a mesma, mas a nossa percepção dela não é. Em outras palavras, nós não sabemos como é a verdadeira realidade, ou se ela existe de fato. O que sabemos é o que *percebemos* dela.

Então como a percebemos? Usamos um processo descrito como "equivalência de forma." Cada um de nossos sentidos responde a um tipo diferente de estímulo, mas todos os nossos sentidos trabalham de forma semelhante. Quando um raio de luz, por exemplo, penetra na minha pupila, os neurônios da minha retina criam um modelo da imagem externa. Este modelo é então codificado e transferido para o meu cérebro, que decodifica os pulsos e reconstrói a imagem. Um processo semelhante ocorre quando um som atinge os nossos tímpanos ou quando algo toca a nossa pele.

Em outras palavras, o meu cérebro utiliza meus sentidos para criar um modelo ou uma forma igual ao objeto externo. Mas se o meu modelo é inexato, eu nunca saberei e acreditarei que o objeto ou som real é o mesmo que o modelo que criei na minha mente.

O principio da "equivalência da forma" não se aplica apenas aos nossos sentidos, mas também ao o nosso comportamento, As Crianças, por exemplo, aprendem pela repetição do comportamento que vêem a sua volta. Chamamos isso de "imitação". Ansiosos para conhecer o mundo em que nasceram e sem conhecimentos lingüísticos, as crianças usam a imitação como meio para adquirir competências como sentar e levantar, falar e o usar talheres. Quando falamos, eles observam como movemos os nossos lábios. É por isso que os pais são aconselhados a falar claramente com as crianças (mas não em voz alta, elas podem ouvir melhor do que a gente). Imitando-nos, as crianças criam as mesmas formas (movimentos e sons) como o fazemos, e assim aprendem sobre o mundo em que vivem.

Na verdade, não só as crianças aprendem dessa forma, mas o conjunto da natureza é uma prova da eficácia da aprendizagem através da equivalência de forma. É emocionante ver os filhotes de leão brincar. Eles se agacham numa cilada, se atacando uns aos outros com o entusiasmo da juventude. Eles perseguem tudo, desde sombras, a insetos, a antílopes. Há pouco perigo de eles realmente capturarem algo nesta fase, mas para eles, perseguir não é apenas um jogo. Atuando desta forma eles despertam o papel de caçadores para a vida. Sem isso eles não poderiam sobreviver porque não saberiam abater a sua presa que vai alimentá-los e sustentá-los.

Se quisermos perceber o desejo de doar, tudo que precisamos fazer é criar uma imagem do mesmo dentro de nós. Se prestarmos atenção aos nossos pensamentos e desejos enquanto agimos em atos de doação, descobriremos dentro de nós um desejo semelhante ao desejo de doar que existe na natureza. Assim, tão naturalmente como as crianças descobrem a fala imitando sons e sílabas, nós descobriremos o desejo de doar imitando o doar.

Pode levar um tempo até sabermos como receber e doar como a natureza o faz, mas a prática traz a perfeição e assim conseguiremos. E quando assim o fizermos, nossa vida vai ser um ilimitado fluxo de revelações tão profundas e ricas que nos admiraremos de quão cegos éramos até então.

No mundo de hoje, não podemos esquecer o funcionamento do desejo de doar. Não estamos em Babel, onde as pessoas poderiam evitar atrito entre elas ao se mudarem para terras estrangeiras. Porque habitamos todos os cantos do globo, não temos para onde ir. Além disso, nos conectamos com tanta força uns aos outros que seria mais fácil transformar ovos mexidos em ovos não mexidos do que desfazer as nossas conexões globais.

E isso não é uma coisa ruim. Sem conexões globais, onde conseguiríamos mercadorias tão baratas como as fornecidas pela China e Índia? E quem daria trabalho e pão para os trabalhadores desses países? Agora que a economia mundial está atravessando um gigantesco declínio, podemos ver quão benéfica a globalização pode ser se a usarmos devidamente.

Na realidade, o mundo é a mesma megalópole que foi nos tempos de Babel, mas agora somos aquela megalópole em escala global. Não podemos nos dispersar, portanto devemos nos unir ou nos destruir mutuamente. Somos um todo único, um corpo, e temos de aprender a fazer a nossa a parte. Quanto mais adiarmos a nossa atuação, nos tornaremos menos saudáveis assim como a nossa sociedade também.

Assim, para evitar nos destruirmos uns aos outros, vamos todos decidir como sair desta crise *juntos*. Sobre o Monte Rainier, Josh e eu não estávamos gostando um do outro no momento de perigo, mas resolvemos *agir como se tivéssemos*. E para a nossa surpresa, funcionou.

Na montanha, havia apenas nós dois. Podíamos apenas sentar e falar um com o outro. Para ter êxito numa escala global, precisamos de um sistema global de meios de comunicação para transmitir o conceito de boa convivência. Para este fim, vamos agora dar uma olhada nos meios de comunicação.

# CRIANDO UMA MÍDIA
# QUE SE PREOCUPA

A mídia deve desempenhar um papel chave em transformar o ambiente público de alienação para camaradagem. A mídia nos fornece quase tudo que sabemos sobre nosso mundo. Até a informação que recebemos de amigos ou de familiares geralmente nos chega através da mídia. É a versão mais moderna de boatos.

Mas a mídia simplesmente não nos fornece apenas informação. Ela também nos oferece detalhes sobre as pessoas que nós aprovamos ou desaprovamos, e formamos o nosso ponto de vista baseados naquilo que vemos, ouvimos ou lemos na mídia. Porque o seu poder sobre o público é sem rival, se a mídia se voltar para o sentimento de unidade e companheirismo, o mundo a seguirá.

Lamentavelmente, até a erupção da crise financeira, a mídia estava focada nos indivíduos bem sucedidos, nos mongóis da mídia, estrelas mega pop, e indivíduos ultra bem sucedidos que fizeram milhões e bilhões as custas de seus concorrentes. Somente recentemente, como um broto da crise, é que a mídia começou a mostrar atos de compaixão e unidade, tal como os esforços de ensacamento de areia por milhares de voluntários em Fargo, na Dakota do Norte, que uniram forças em Março de 2009 para parar a mais alta cheia do Rio Vermelho já gravada na história.

Enquanto esta moda é certamente bem vinda, alguns esforços esporádicos e espontâneos não são suficientes para verdadeiramente unir as pessoas. Para realmente mudar nosso ponto de vista, para nos tornarmos conscientes da existência do desejo de doar, a mídia deveria mostrar a foto completa da realidade e informar-nos de sua estrutura. Para esse propósito, ela deveria criar programas que demonstrem como o desejo de doar afeta todos os níveis da natureza – inanimado, vegetativo, animal e humano - e encorajem as pessoas a emulá-lo. Ao invés dos programas de entrevistas que convidam pessoas que apenas falam de si próprias, por que não receber pessoas que elogiam outros? Afinal, tais exemplos abundam; somente temos que reconhecê-los e trazê-los à atenção do público.

Se a mídia mostrar pessoas preocupadas umas com as outras e explicar que tais imagens irão ajudar a luz a penetrar em nossas vidas, isso irá mudar o foco do público do egocentrismo para a camaradagem. Hoje o ponto de vista mais popular deveria ser, "A unidade é divertimento – vamos nos juntar à festa".

Correndo o risco de fazer algumas generalizações, aqui estão alguns fatos e números para reflexão: Nossos computadores e televisores são feitos na China e Taiwan; nossos carros são feitos no Japão, Europa e EUA, e nossas roupas são feitas na Índia e China. Também, quase todo mundo assiste filmes de Hollywood, e até o final deste ano (2009), a China terá mais pessoas falando inglês do que em qualquer outra parte do mundo.

E aqui esta realmente um conceito interessante: Facebook, a rede de socialização na internet, tem 175 milhões de usuários ativos no mundo todo. Se Facebook fosse um país, seria o sexto maior país no mundo!

Realmente, a globalização é um fato, e está nos mostrando que já estamos unidos. Nós podemos tentar resistir a isso, ou podemos nos juntar e nos beneficiar da diversidade, oportunidades e abundância que a globalização tem nos reservado.

Existem muitos meios da mídia poder nos mostrar que a unidade é um presente. Embora cada cientista saiba que nenhum sistema na natureza opera em isolamento e que interdependência é o nome do jogo, a maioria de nós não esta consciente disso. Quando virmos como cada órgão trabalha para beneficiar o corpo inteiro, como abelhas que colaboram na colméia, ou um cardume de peixes que nada em  tal conjunto que pode ser tomado por um peixe gigante, como lobos caçam juntos, e como chimpanzés ajudam outros chimpanzés, ou mesmo humanos sem nenhuma recompensa em retorno, saberemos que a lei primária da natureza é harmonia e coexistência.

A mídia pode e deveria mostrar-nos tais exemplos mais freqüentemente do que o faz. Quando realizarmos que é assim que a natureza funciona, iremos espontaneamente examinar nossas sociedades e ver se elas estão em uníssono com esta harmonia.

Se nossos pensamentos começarem a mudar nesta direção então, eles criarão um ambiente diferente e introduzirão um espírito de esperança e poder em nossas vidas, antes mesmo de realmente implementarmos esse espírito. Por quê? Porque estaríamos alinhados com a força da natureza – o desejo de doar.

Quanto mais conectados nos sentirmos uns aos outros, mais nossa felicidade depende de como eles nos vêem. Se outros aprovam nossas ações e pontos de vista, nos sentimos bem conosco mesmos. Se eles desaprovam o que nós fazemos ou dizemos, iremos nos sentir mal sobre nós mesmos, esconder nossas ações, ou mesmo modificá-las para adaptá-las às normas sociais. Em outras palavras, porque é tão importante nos sentirmos bem conosco mesmos, é que a mídia está numa posição única em mudar as ações e visões das pessoas.

Não é de surpreender que os políticos sejam as pessoas mais dependentes de avaliações na terra, já que eles vivem toda a sua vida dependendo de sua popularidade. Se mostrarmos que nós mudamos os nossos valores, eles irão mudar os seus para seguir nossa direção. E um dos mais fáceis e mais efetivos meios de dizer-lhes o que nós valorizamos, é mostrar-lhes o que nós queremos assistir na televisão! Porque políticos querem continuar no seu cargo e temos que mostrar-lhes que se eles querem manter seus cargos, eles devem promover aquilo que nós queremos promover – a união.

Quando formos capazes de criar uma mídia que promova a unidade e colaboração ao invés de autogratificação das celebridades, criaremos um ambiente convincente de que a unidade e o equilíbrio entre os desejos são bons.

## ÁGUAS DO AMOR

Um homem sábio uma vez disse que nossos corações são como pedras, e que os nossos bons atos em relação a cada um são como águas que caem bem no centro dessas pedras. Pouco a pouco, as águas cavam uma cratera no coração do individuo, onde a abundância do amor pode ser despejada.

Como nós dissemos ao longo desse livro, o desejo de doar é a fonte de todo prazer na vida, e o desejo de receber é o que dá forma a esse prazer. Através do bem que fazemos às pessoas, criamos nelas um desejo de receber mais prazer em ser amados.

É claro, todos nós queremos ser amados, mas muito pouco de nós acreditamos que isso irá acontecer um dia. Mas se decidirmos coletivamente dar amor uns aos outros, mesmo se na verdade não o sentimos nós reacenderemos em nossos próximos, homens e mulheres, a convicção de que o amor é possível. E eles serão realmente recíprocos, porque é o que sentem em seus novos e amaciados corações.

Tudo isso pode parecer não cientifico e irracional, porém funciona porque está em harmonia com as forças mais fundamentais da vida – o desejo de doar e o desejo de receber. E uma vez que usarmos alguma força extra quando explorarmos um território que não nos é familiar, existem varias técnicas que podem aumentar as nossas chances de sucesso. Os próximos capítulos desse livro fornecerão uma visão do que a vida será num mundo equilibrado.

# Alcançando Equilíbrio

Os próximos capítulos irão sublinhar nossa rota de fuga da crise atual. Ele irá tocar nos seis aspectos básicos da vida – artes, economia, educação, política, saúde e clima – e irá fornecer orientações de como podemos usar o desejo de doar para o nosso benefício.

# 10

# Como As Artes Podem Modelar As Novas Atitudes

"Todos nos sabemos que arte não é verdade. A arte é uma mentira que nos faz realizar a verdade, pelo menos a verdade que nos é dada a entender. O artista deve conhecer a maneira de convencer os outros da honestidade de suas mentiras."

--*Pablo Picasso*

Tão importante como é a mídia para a nossa cultura, ela não pode fazer sozinha a requerida mudança de espírito. Para a mudança completa do nosso pensamento, necessitamos de atores, cantores, outros ídolos públicos e celebridades no processo. Suas produções são mostradas não somente na televisão, mas também na Internet, em cinemas, no rádio e são vitais para transmitir a nova mensagem.

É difícil prever exatamente como as artes vão se desenvolver uma vez que nós nos tornamos familiarizados com a metade da realidade. Visto que nunca tentamos isso em larga escala, não podemos descrever as possíveis mudanças no cinema e teatro, mas as regras que se aplicam a estas formas de arte também se aplicam às artes mais tradicionais como pintura e escultura.

As artes visuais são os meios mais poderosos de influência. Mais de 90 por cento da informação que recebemos do nosso ambiente é informação visual. Por esta razão, a mudança em nosso pensamento deve começar com o que vemos, mesmo antes de mudarmos aquilo que ouvimos.

Na superfície, os temas da maioria dos filmes e peças podem permanecer os mesmos: uma luta por uma justa causa, uma história de amor, ou mesmo uma tragédia. Mas atrás de cada tema deveria haver um subtexto que transmitisse uma mensagem de unidade.

Hoje, quando nós deixamos o teatro ou desligamos o DVD, geralmente ficamos com um senso de admiração pelo herói. É muito raro que contemplemos uma idéia, um conceito, ou uma ideologia depois do filme. Isso sempre acontece mesmo se o filme transmite uma idéia, porque as propagandas, efeitos visuais, roteiro, e outros elementos no filme apontam para a identificação com uma pessoa, não com um meio de vida.

Ao examinarmos os temas da maioria das vídeolocadoras, iremos chegar a uma conclusão inevitável: heróis vendem, idéias não. Isso pode ser verdade até recentemente, mas na realidade atual, pessoas irão necessitar de filmes e peças para esquecer seus problemas ou para reunir forças e esperanças para o futuro. Mas, se esses filmes forem feitos corretamente, prevalecerão.

Se assistirmos a filmes de 1950 e 60, eles nos parecerão ingênuos, um pouco fora do contexto atual. Em breve, espectadores irão assistir filmes feitos hoje e os verão como fora de moda. Para ter êxito, a arte deverá refletir a situação atual, e a noticia de hoje é unidade, ou equilíbrio entre o desejo de receber e o desejo de doar.

Existiram muitos filmes apocalípticos descrevendo como a humanidade tem destruído o planeta e está sendo punida pelos seus pecados com o caos, ondas de calor sem fim, guerra, e falta de comida e água. Mas a arte não deveria confinar-se a imagens do juízo final. Ao contrário, deveria fornecer informação sobre a completa imagem da realidade – as duas forças da vida, como elas interagem  e o que acontece se nós rompermos o equilíbrio, e o que acontece se ajudarmos a sustentá-lo.

De outra forma, as artes, e especialmente as muito populares artes visuais, não alcançarão seus objetivos: nos informar da duas forças da vida e nos mostrar como equilibrá-las.

## FILMES DE ESPERANÇA.

Para dar as pessoas uma razão para assistir e re-assistir filmes e peças, os temas devem ser possíveis de acreditar, fornecendo esperança valida e uma perspectiva real e mudança positiva. Enquanto o ponto inicial de um filme pode ser a nossa realidade atual, ele deve incluir alguma forma de razão sobre o que nos levou ao estado atual. Quando as pessoas descobrirem que o cinema se tornou um lugar onde possam obter informação que ira melhorar suas vidas, eles começarão a ir mais aos cinemas!

Pense em como ensinamos nossas crianças a atravessar a rua, como meticulosamente e amorosamente explicamos a elas repetidas vezes como esperar pela luz verde e como atravessar apenas na faixa de pedestres. Esta informação é vital e sem ela, elas poderiam colocar em risco suas vidas caso se aventurassem sozinhas pelas ruas.

Hoje ter informação sobre a restauração do equilíbrio na natureza e na humanidade é vital e, além disso, está na moda.

Mas existe mais nesta mudança do que a simples sobrevivência. Esta crise é um trampolim para uma melhora inimaginável em nossas vidas diárias. Até o dia de hoje, temos focado em quanto podemos receber. De fato nem sequer sabíamos que estávamos sendo levados pelos desejos de receber, simplesmente quisemos aproveitar. Porque não sabíamos sobre a interação entre os dois desejos que compõem a vida, continuamos procurando pelo prazer a nível superficial, e assim nunca chegamos a vivenciar uma alegria ou felicidade duradouras.

Mas o drama da vida se desenrola em duas direções (ambas opostas e paralelas): colaboração e auto-satisfação. Na totalidade da realidade, a auto-satisfação, é possível apenas através da colaboração de uns com os outros.

Nos minerais, por exemplo, átomos diferentes colaboram para formar as moléculas do mineral. Se um dos átomos se separa, o mineral se desintegra.

Em um nível alto de complexidade, em plantas e animais (incluindo humanos), existe uma colaboração de diferentes moléculas, células e órgãos. Esses se unem para criar uma criatura distinta, e aqui também, se apenas uma das moléculas estivesse faltando nas células das criaturas, ela se tornaria doente e até morreria.

Do mesmo modo, todas as plantas e animais em certa área geográfica criam um meio-ambiente simbiótico. Como na historia das orcas e lontras que descrevemos no capitulo 5, todas as criaturas contribuem na manutenção do equilíbrio do ecossistema. Se apenas um deles diminuísse em número, o sistema se desequilibraria. Mas, simplesmente, a natureza suporta e promove a unicidade, Assim, a realização pessoal das criaturas só é possível quando elas colaboram e contribuem para o seu meio ambiente. Quando elas querem se desenvolver sobrepondo-se ao meio ambiente, a natureza as extingue ou equilibra o seu número com força.

Embora conheçamos essa lei da natureza há longo tempo, temos agido como se não fizéssemos parte do eco-sistema chamado "Planeta Terra". Pior ainda, entre nós, sentimos que uma sociedade ou seita pode ser superior a outra. Contudo, a natureza evidentemente nos demonstra que nada é redundante e nenhuma parte de qualquer elemento na natureza é superior a outro. Por que então, pensamos que temos a prerrogativa que nenhuma outra parte da natureza possui - dominar e oprimir outras pessoas ou espécies? De onde provem essa arrogância, senão da ignorância?

Porque ignorarmos a existência do desejo de doar, que nos dá força e sabedoria, achamos que estão relacionados conosco. Se nos conscientizarmos de que nós também somos produtos de dois desejos que formam a vida, saberíamos como prosperar neste mundo, junto com toda a natureza.

Quão difícil pode ser fazer filmes que nos ensinem isso, e nos mostrem os benefícios de auto-satisfação através da colaboração? Imagine se todos nós soubéssemos que nós somos unidos a outras pessoas, que somos apoiados por todas as outras pessoas no mundo, e que se todos elas quisessem nós alcançaríamos nosso potencial ao máximo? Como a vida seria maravilhosa se cada pessoa contribuísse com o seu talento à sociedade e em troca, recebesse o apoio e apreço da sociedade?

Finalmente, não é isso o que nós já estamos fazendo? Um engenheiro de computação contribui para a sociedade construindo computadores. Um varredor de ruas contribui limpando as ruas. Qual deles é mais importante? Se apenas lembrássemos não nos tornarmos o que somos por nossa própria vontade, mas porque existe um grande sistema e um poder primordial trabalhando dentro de nos, não nos sentiríamos compelidos a constantemente buscar aprovação. Ao invés disso, ficaríamos satisfeitos com o que somos, e contribuiríamos segundo a nossa capacidade. Ficaríamos felizes em fazer parte da humanidade – unida e única ao mesmo tempo.

Imagine um filme nos mostrando isso!

# 11

# Encontrando Equilíbrio
# Em Canções e Melodias

"O novo som-esfera é global. Ele ondula em grande velocidade através de línguas, ideologias, fronteiras e raças. A economia desse Esperanto musical é estarrecedora… A música popular trouxe consigo sociologias de forma particular e pública da solidariedade de grupo."

*--George Steiner*

Música é um das formas mais populares de arte; ela pode ser uma poderosa promotora de novos conceitos. Hoje, mais do que nunca, gêneros tais como rock e

hip-hop são meios poderosos de expressão dos conceitos sociais. Desde que Os Beatles introduziram música
Indu na década de 1960, a música étnica tem sido um
meio popular para a promoção e reconhecimento da
integração cultural. Na verdade, a globalização é um
acréscimo positivo para a música, e hoje a maioria dos
músicos toca vários tipos de música, algumas das quais
são provenientes de culturas estrangeiras. Portanto, a
música merece um capítulo a parte.

Como todas as formas de arte a música é uma
língua especial que expressa o mundo interior do mú-
sico. Cada tipo de música representa um tipo diferente de desejo de receber e pode, portanto expressar um
tipo diferente de equilíbrio com o desejo de doar. Para
manter a proposta simples, vamos dividir a música em
dois grupos: vocal e instrumental.

## CANÇÕES DE AMOR INTERMINAVEL

Com música vocal (canções), é um pouco mais fácil
definir as alterações necessárias para que se adaptem à
nova direção. Como no cinema, os temas podem ficar
bastante parecidos. E como no cinema, por detrás de
cada música deveria haver um texto subliminar que tra-
ga uma mensagem de unidade e expresse ambos nossos
reais desejos - o de dar e receber.

Música é uma expressão de si mesmo, das mais
profundas emoções do artista. Portanto, se a música

tem que transmitir uma mensagem de unidade e equilíbrio entre dar e receber, é muito importante que o artista que a toque esteja bem consciente da forma que essas forças interagem. Porque nós não podemos fingir como expressamos o nosso mundo interior, os artistas têm que vivenciar a unidade e a interação e conexão entre as duas forças, se realmente querem transmiti-las artisticamente.

Como resultado, cada música deve transmitir um novo sentido de frescor e vitalidade. Não há necessidade de criar novos gêneros. Já temos uma variedade maravilhosa: pop, hip hop, rock n' roll, jazz, música clássica, e música étnica de todo os tipos. Todas são verdadeiras manifestações de nosso ser interior, e não há necessidade de mudá-las. Tudo o que precisamos mudar é a mensagem subjacente: em vez de enfocar sobre o relacionamento problemático de um casal, as palavras podem valorizar os seus esforços para descobrir a unidade na natureza.

Na medida em que aprendemos sobre o desejo de doar da natureza, seremos também capazes de criar novos textos para músicas. Esses textos podem exprimir diálogos entre o desejo de doar e o desejo de receber como eles acontecem entre as pessoas ou na natureza. Se pensarmos sobre isso, a busca constante do desejo de doar de encontrar meios de se expressar através do desejo de receber é muito semelhante à forma como um homem procura novos caminhos para expressar o seu amor pela sua mulher (ou vice versa). O que poderia ser mais inspirador do que o expressar essa dor de amor em versos e decorá-la com uma melodia?

## MELODIAS DE HARMONIA

A música instrumental é completamente diferente. O enfoque na harmonia da música ocidental a torna um meio natural para transmitir unidade e equilíbrio. Muitos compositores famosos - mais precisamente, Bach e Mozart – foram atentos em manter sua música equilibrada e harmoniosa . De fato, a música clássica, particularmente a de Mozart, é tão bem equilibrada e completa que a Universidade de Leicester, na Inglaterra, constatou que ela aumenta a produção de leite em fábricas de lacticínios! Embora os compositores, provavelmente, não tiveram consciência do alcance profundo desse equilíbrio, ou que a música deles  um dia seria usada para esse objetivo, é essa qualidade que assegura a popularidade deles até nossos dias.

Mas o equilíbrio não existe só na música ocidental; ele é essencial para quase todos os tipos de música, especialmente música indígena. Hoje, porem, o equilíbrio deve ser mantido não apenas porque gostamos do seu som, mas porque ele pode  nos ajudar a expressar todo um novo lado da realidade. O resultado pode ser extremamente apaixonante, extremamente delicado, extremamente rápido, ou bem temperado. Mas seja qual for o tipo, o impacto de tal música sobre o ouvinte vai ser único, justamente porque ela expressa o vigor da vida!

Hoje, as músicas de Bach, Mozart, Beethoven, e Verdi, nos parecem ricas e coloridas. Mas em comparação à música que expressa a percepção de ambos os desejos, será como a diferença entre ver o mundo em apenas duas dimensões, ou em três.

# Dinheiro, Dinheiro, Dinheiro

"Apesar da maciça criação de riqueza, a felicidade não tem crescido desde a década de 50 nos EUA e na Grã-Bretanha. Nenhum pesquisador questiona estes fatos. Então o crescimento acelerado da economia não deveria ser um objetivo para se fazer grandes sacrifícios. Em particular, não deveríamos sacrificar a mais importante fonte de felicidade, que é a qualidade dos relacionamentos humanos – em casa, no trabalho e na comunidade".

-*Richard Layard,*
*The Financial Times,*
*11 de Março de 2009,*

73

Nenhum aspecto das nossas vidas expressa melhor a nossa interconexão do que a economia. Quando estamos unidos, a economia é a primeira a prevalecer e empurrar cada aspecto das nossas vidas junto com ela. Mas quando nós estamos separados uns dos outros, é a primeira a entrar em colapso. Então tudo se mistura em uma coisa só.

Séculos atrás, quando iniciamos o comércio uns com os outros, começamos a nos interconectar e a globalização nasceu. Se soubéssemos naquela época sobre o desejo de receber e o desejo de doar, a história da humanidade teria sido muito diferente desta louca marcha sangrenta que acabou se tornando.

Hoje é impossível "desglobalizar" o mundo. Como mostramos no Capítulo 11, e como a citação de abertura diz, nós devemos começar a agir, como uma humanidade unida, alinhados com os princípios da natureza de colaboração e de auto-satisfação, ou a vida como nós conhecemos irá chegar ao fim. E o caminho para a união é tornar-nos conscientes dos dois desejos e empregar ambos em nossas negociações, especialmente em relação às finanças, dada a crise monetária de hoje.

Não será uma política severa ou compra de "ativos tóxicos" que nos ajudará nesta presente crise. O caminho fora da crise é entender o que precisa ser regulado na natureza humana, não na economia. Nossa economia é apenas uma projeção de nossa mente estreita: receber, receber, e receber mais.

Hoje em dia, a humanidade deve conscientizar-se de que é do nosso interesse considerar os outros em nossos planos, caso contrário estes planos irão falhar. Entretanto, o primeiro passo no plano de saída da crise financeira em que estamos deveria ser dividir informação e fornecer fatos sobre a espécie de mundo que nós vivemos, que é global e interdependente.

As pessoas deveriam saber que existem duas forças dirigindo o mundo. A primeira é o desejo de receber, aquela que os economistas chamam "economia orientada para o lucro", o que significa capitalismo. A segunda força é o desejo de doar, o que aponta para aumentar a prosperidade geral e bem estar.

Simplesmente colocado, nas transações financeiras de hoje, todo mundo deve lucrar ou ninguém lucrará. Para ser exato o termo "todo mundo" não se refere às partes envolvidas em um contrato, mas o mundo todo.

Isso significaria que antes de uma transação ou acordo, as partes devem bater em todas as portas do mundo e explicar a transação proposta e ter uma permissão assinada para isso? Isso seria impraticável. O que isso quer dizer é que nós devemos mudar nossa atitude e considerar os benefícios de todo mundo ao invés de considerar apenas os nossos apenas.

Por exemplo, sempre quando um novo produto é lançado, o fabricante imediatamente busca sair-se melhor que seus competidores. A nova empresa mira aumentar sua participação no mercado, e nós chamamos este processo "capitalismo". "Entretanto, no final do dia, o que realmente acontece, é uma tentativa de "roubar" os clientes daqueles que já estão no mercado. Esta é a norma aceita.

Similarmente, os bancos hoje não estão comprometidos em incentivar a economia debilitada ou assistir às pessoas que queiram iniciar um negócio ou comprar casas. Bancos apenas querem uma coisas: fazer o máximo de dinheiro possível para seus acionistas (donos/diretores). E se eles tem que pagar salários vergonhosos e baixos à seus empregados de nível hierárquico mais baixo, ou conceder a pessoas empréstimos criminalmente irresponsáveis e então vender estes empréstimos para empresas de seguros, que então tentam atirar pelo ar a batata quente até que finalmente encontre um que fique encalhado com ela, "tudo isso faz parte dos negócios como sempre". O único objetivo deles é escrever bilhões na coluna positiva no final de cada trimestre.

E esta atitude não pertence somente aos bancos. Essencialmente, todos os negócios funcionam desta maneira, desde empresas de seguros, bancos, fundos, até negócios familiares pequenos. Nós chamamos isso de "mercado livre".

Hoje, entretanto, nós todos devemos nos encarregar de uma inspeção séria em nosso sistema e ver onde está o erro. Quando nós o fizermos, notaremos que nada está errado com a idéia de ter bancos ou companhias de seguros em nosso mundo. Bancos são potencialmente uma coisa boa porque sem eles não podemos financiar os nossos sonhos. Companhias de seguros também são forças positivas porque eles garantem que nós não seremos jogados nas ruas, caso alguma coisa aconteça de errado em nossas vidas.

A única que coisa que deveria mudar em nossas negociações são nossas intenções, não os nossos atos. Se todos nós nos concentrarmos em beneficiar mais do que somente a nós mesmos ou nossos sócios, então, nós e todos os nossos clientes, iríamos prosperar porque as pessoas confiariam umas nas outras. Claramente onde dinheiro está em jogo, a confiança é primordial.

Atualmente, bancos não confiam em outros bancos. Seguradoras tampouco têm confiança nos bancos, nem entre elas mesmas, e ninguém confia nos devedores, porque devedores não podem confiar que seus empregadores não irão dispensá-los no próximo dia, porque os empregadores dependem da demanda do mercado, e ninguém mais confia no mercado nos dias de hoje.

Isso nos leva de volta ao primeiro ponto: estudo

das leis da natureza. Nós não iremos confiar um no outro até que entendamos como toda a realidade e nós somos formulados. Então podemos *coletivamente* decidir seguir a fórmula interior de equilíbrio. Quando o fizermos, devedores irão confiar nos seus empregadores, que irão confiar nos bancos, que irão confiar nas seguradoras, e todos nós iremos confiar no mercado.

Mas até que aprendamos a funcionar como uma grande família unida, não iremos nos recuperar da recessão. Mas, quando o fizermos, não somente iremos ter tudo o que necessitamos para uma vida confortável, mas iremos estar seguros em saber que temos um futuro, e também as nossas crianças terão, e as crianças das nossas crianças.

# ENSINE BEM SEUS FILHOS

"Esta mutilação dos indivíduos eu considero o pior mal do capitalismo. Nosso sistema educacional sofre deste mal. Esta atitude exagerada de competitividade é inculcada dentro do estudante, que é treinado a cultuar o sucesso."

*-Albert Einstein*

No dicionário Webster, educação significa "a ação ou processo de educar ou de ser educado [escolarizado/informado]." Mas em um mundo onde 50 por cento daquilo que aprendemos no primeiro ano da universidade é ultrapassado ou irrelevante até o final do terceiro ano, o que é bom em nossa educação superior?

Ainda mais importante, com a escalada da crise global, como podemos garantir a educação de nossos filhos, mesmo até o colegial? Porque a crise atual é global e multifacetada, o sistema de educação deve adaptar-se e preparar a juventude para enfrentar o estado atual do mundo.

Então o nosso desafio hoje em dia, não é tanto adquirir conhecimento como o de adquirir habilidades sociais para ajudar-nos e também aos nossos filhos, a superar a alienação abundante, as suspeitas, e a falta de confiança que encontramos hoje em dia. Para preparar as nossas crianças para a vida no Século XXI, devemos primeiro ensiná-los o que faz a nossa realidade ser o que é, e o que eles podem fazer para mudá-la.

Isso não significa que a disseminação do conhecimento deveria parar, mas que estas lições deveriam ser parte de uma história maior, que ensine aos estudantes como enfrentar o mundo que estarão prestes a entrar. Eles deveriam ser capazes de deixar a sala de aula e usar este conhecimento para compreender a imagem completa da realidade e as forças que a criam e entender como eles podem usá-las para o seu benefício.

Em aproximadamente todos os países no mundo, os sistemas de educação são projetados para que o estudante atinja conquistas pessoais. Quanto maior as notas dos estudantes, maior seu status social. Na América, como em muitos países do Oeste, este sistema não apenas serve para medir como estudantes se desempenham, mas como eles se desempenham em relação aos outros. Isso faz com que os estudantes não somente queiram se sobressair, mas inevitavelmente fazem com que queiram que os seus companheiros fracassem.

Em um mundo globalizado onde toda pessoa é dependente do sucesso e do bem-estar de cada pessoa, este sistema deve ser reformado a partir de suas raízes. Ao invés de ficar tentando conquistar distinção pessoal, o objetivo deveria ser a promoção do sucesso do coletivo. Esta é a conquista que deveria idealmente ser mais reconhecida e reverenciada.

Então, a primeira coisa a mudar em todas as escolas deve ser sua atmosfera. Não é necessário ter um sistema punitivo para os estudantes mais voltados para si mesmos, já que a sociedade tem tal influência esmagadora sobre a juventude que eles irão seguir o código social quase que instintivamente. Uma atmosfera de camaradagem e partilha deveria prevalecer. Isso pode ser promovido encorajando o ensino em grupo, onde estudantes trabalham para ajudar e promover uns aos outros, e receber reconhecimento da sociedade em troca.

Adicionalmente, existem muitos exercícios que

requerem trabalho em equipe para ser realizado. Estes podem ser aplicados muito mais facilmente ao currículo já existente, com notas dadas ao grupo, em vez de indivíduos. Desta forma, a nota de um estudante irá depender do desempenho de todos os outros do grupo.

De fato, olhando para o mundo adulto, vemos que raramente um produto é feito por uma só pessoa. E mesmo em tais casos, um grande trabalho de equipe é necessário para o sucesso do mesmo. De fato, a natureza e nossas próprias vidas nos ensinam como é importante colaborar, então por que não começar nas escolas?

Se crianças, hoje em dia, crescem violentas e desobedientes, independente dos nossos esforços para criá-las para serem humanos e preocupados, podemos mudar este modelo criando escolas onde crianças dependem umas das outras para alcançarem seus objetivos. Isso pode criar um novo senso de preocupação por cada um e eliminar modelos prévios.

Para crianças, interdependência é tão natural como respirar. Começando no nascimento, a criança depende de seus pais para tudo que necessita para sobreviver. Até que a criança entre na escola, as suas necessidades sociais se desenvolvem e elas tornam-se completamente dependentes da aprovação dos outros para manter uma imagem positiva de si própria.

Como resultado, elas sentem tão fortemente o poder da sociedade sobre elas, que criada uma atmosfera de cuidado, que será necessário muito pouco esforça para criar jovens responsáveis. Tudo que iremos necessitar para isso é mostrar aos jovens a direção correta, que os conduzirá ao seu sucesso e tambem de toda a humanidade, e elas irão liderar o caminho.

A primeira coisa que devemos fazer é ensinar para elas como a natureza trabalha – que existem duas forças que interagem na vida delas, e que para todos serem felizes, estas forças devem estar em equilíbrio. Nada deve ser mudado sobre os temas que ensinamos, apenas temos que adicionar o elemento E ao currículo: Equilíbrio.

Então, Biologia será sempre biologia, saboreada com uma explicação de como a interação das forças de dar e receber levam ao desenvolvimento de criaturas multicelulares a partir de criaturas unicelulares. O mesmo se aplica à física e a todas as outras ciências. Com as ciências humanas, será realmente inovador examinar a história humana e várias sociedades com o jogo dos desejos em primeiro lugar.

Embora esteja acima do âmbito deste livro, uma pessoa pode facilmente ver como progredimos na medida em que os nossos desejos mudam e se intensificam. Sem tal mudança e os desejos crescentes, nós não teríamos as revoluções porque não iríamos querer mudar nossas vidas. Também não teríamos tecnologia porque estaríamos acomodados com aquilo que temos. Nós não teríamos política (atualmente, isto não seria uma má idéia) e nem regras. Igualmente, se nós não tivéssemos mudado nossos desejos, nós ainda estaríamos provavelmente, vivendo em cavernas.

Existem dois estágios para construir a escola que promova o elemento de equilíbrio:

1. **Fornecendo informação:** Escolas deveriam ensinar aos estudantes sobre o desejo de doar e o desejo de receber, e como estas forças trabalham juntas na natureza. Isto deveria ser feito em ambas as aulas, uma especificamente para isso e a outra como parte de todos os tópicos do currículo da escola.

2. **Estabelecendo novas normas sociais:** Depois que as crianças adquirirem um entendimento básico dos conceitos, nós deveríamos gradualmente estabelecer normas sociais que promovam colaboração, amizade e suporte. Para este estágio ser bem sucedido, é muito importante que as crianças entendam que elas não estão seguindo estes preceitos porque os adultos as estão forçando a isso. Ao contrário, elas devem ser constantemente lembradas que elas não irão conseguir o melhor da vida com uma aproximação que não esteja em sincronia com a natureza. Então é de seu maior interesse seguir esta abordagem.

Para sobreviver no mundo de hoje, devemos saber como interagir com cada um como colaboradores, não como combatentes. Caso contrário, falharemos. Através do ensino da arte da colaboração e do compartilhamento, iremos fazer o melhor para nossas crianças porque as estaremos equipando com o instrumento mais importante que necessitam para os desafios da vida.

Ninguém mais vai equipá-las com este instrumento se nos esquivarmos de nossa responsabilidade de dar isso a elas. Criando escolas que visam ensinar aos estudantes como viver na era global, compartilhar, preocupar-se, e tomar ambas as forças da vida em consideração em todas as suas ações, estaremos criando o único tipo de escola que vale a pena freqüentar.

# Sim, Nós Podemos
# (e devemos)

"**O** ser humano nunca verá o fim do tormento até... que amantes da sabedoria venham para manter o poder político, ou os mantenedores do poder... tornem–se amantes da sabedoria.

*-Platão, A República*

A mudança proposta neste livro não é superficial, mas sim, uma mudança fundamental que vai além de como nós construímos o sistema econômico. É uma mudança no nosso entendimento da vida, e como um resultado, da sociedade que vivemos. Para que esta mudança dure, necessitamos nos conscientizar que em nosso estágio de desenvolvimento humano, nós como indivíduos não podemos prosperar a menos que todo o mundo prospere também.

No passado era suficiente ser bom para nossas famílias. Fazendo isso nós nos equilibrávamos com a força de doar da natureza no único nível de que tínhamos consciência – nossas famílias.

Depois disso, como nossas comunidades cresceram, precisávamos tornar-nos conscientes de grupos maiores, e aprendemos que não era o suficiente ser bom apenas para a nossa própria família, mas também oferecer cuidados e bondade para as pessoas da nossa cidade. Isso nos colocou em equilíbrio com as forças de doação ao nível da comunidade.

Depois crescemos mais e necessitamos equilibrar-nos com a força da natureza de doação em nível nacional, além das nossas cidades e famílias.

Hoje precisamos fazer o mesmo para todo o mundo. Nossa consciência, se estamos conscientes ou não disso, agora engloba toda a humanidade. Então para nos equilibrarmos com a força de doação da natureza, nós devemos ser positivos e contribuir com todos, em todas as partes.

A conseqüência de não fazer isso é a crise que vemos desdobrando-se diante dos nossos olhos. Isso não é castigo de alguma força superior, mas um resultado natural da desobediência da lei da natureza, similar a uma dor sentida quando desobedecemos à lei da gravidade e pulamos do telhado sem uma própria preparação ou equipamento. Para nós humanos a nossa melhor defesa é a consciência.

E porque a consciência do desejo da natureza de doar é o nosso primeiro e mais importante instrumento, o que devemos fazer primeiro é ensinar aos nossos políticos sobre o papel e importância do mesmo. Nós devemos mostrar-lhes que nós não estávamos conscientes até agora, e que a falta disso nos nossos pensamentos é a causa desta crise de hoje. Desta forma os políticos, que são mais sensíveis ao que funciona e ao que não funciona, saberão como e o porquê da necessidade de mudar sua política para que sejam adaptadas a este novo requisito atual.

Mas já que políticos e pessoas do estado vivem o dia a dia num sistema egoísta de políticas, eles rapidamente se tornarão conscientes das discrepâncias entre as imperfeições do sistema falho existente e o perfeito, ou equilibrado. De fato, este processo começou espontaneamente no minuto em que a crise econômica estourou.

O discurso de Barack Obama no dia 20 de Janeiro de 2009, na Igreja Batista Ebenezer em Atlanta, Geórgia, é um belo exemplo de tal consciência: "Unidade é a grande necessidade imediata – é a grande necessidade desta hora. Não porque soa agradável ou porque nos faz sentir melhor, mas porque e a única maneira pela qual poderemos superar a deficiência que existe em noasso país. Eu não estou falando do deficit do orçamento. Eu não estou falando do deficit das contas de comércio. Eu não estou falando do deficit de boas idéias ou bons planos. Eu estou falando de uma deficiência moral. Eu estou falando da deficiência da empatia. Eu estou falando de uma incapacidade de nos reconhecer nos outros; entender que somos os guardadores do nosso irmão; que somos os guardadores de nossa irmã; ... que estamos todos amarrados uns aos outros em uma só peça de vestuário do destino".

À luz disto, tudo o que nós precisamos fazer é adicionar o adesivo, a substância que irá fazer esta peça de vestuário mais forte, e ao mesmo tempo macia e suave. E esta substância é a consciência de que nos unindo, estamos nos alinhando com a força de doação da natureza.

Alcançar unidade entre os políticos não significa o fim dos debates e dos conflitos, mas com ambos desejos da natureza na mente, conflitos podem tornar-se um terreno fértil para mudanças. Da mesma forma que a opinião pública muda através da mídia, como vimos no Capítulo 10, os políticos não ficarão preocupados em perder seus votos porque eles perderam argumentos políticos. Ao contrario, se um político é capaz de mudar sua visão depois de realizar que é de interesse público tomar uma outra direção, os constituintes irão considerar esta flexibilidade um ato de força.

Mais ainda, fazendo isso, os políticos se tornam ainda mais responsáveis pelo sucesso da nova direção, tendo seriamente debatido os seus prós e contras antes de decidirem a seu favor. Os políticos podem dizer aos eleitores, "Veja eu ponderei todas as opções e conclui que a idéia do meu oponente trará maior benefício para o público que a minha, e por isso eu acho que vocês deveriam apoiá-la".

Esta é uma responsabilidade ainda maior do que aquela de "ganhar" o debate. Com esta abordagem, não só a unidade será realçada, mas as idéias serão ensinadas muito mais detalhadamente.

Políticas Internacionais deverão tambem mudar da mesma forma. Na era global, cuidar do mundo é muito mais importante que cuidar apenas do nosso país. Naturalmente a moda deverá ser compartilhada por todas as nações para ter sucesso. Será necessário que todos nós saibamos sobre os dois desejos que sustentam as fundações do nosso mundo. Sem este conhecimento, isolamento e protecionismo irão prevalecer e guerras irão estourar. Com isso, finalmente teremos a oportunidade de alcançar a genuína paz mundial.

# Sentir-se Bem
# e Ficando Bem

"Metade das drogas modernas podem muito bem ser jogadas pela janela, exceto que os pássaros podem comê-las."

*-Dr. Martin Henry Fischer*

Milhares de anos atrás, na antiga China, a medicina era praticada bem ao contrário de como é praticada nos dias de hoje. Naqueles dias toda casa colocava um vaso do lado de fora da porta da casa. O curandeiro ao fazer a sua ronda diária pelas casas da vila, olhava para cada vaso. Se tivesse uma moeda dentro do vaso, ele pegava a moeda e ia embora, sabendo que todos naquela casa estavam saudáveis.

Se o vaso estivesse vazio, o curandeiro entrava na casa e tratava o paciente com a melhor de suas habilidades. Quando a pessoa doente ficava bem outra vez, o pagamento diário recomeçava.

Este era um método simples que garantia ao curandeiro interesse na saúde dos seus pacientes, pois seus pagamentos continuavam durante o tempo que o paciente estivesse bem. Para maximizar seus lucros, o curandeiro precisava que pessoas, sob sua supervisão, ficassem saudáveis o máximo de tempo possível. Por esta razão, o curandeiro andaria ao redor da vila nos tempos livres, aconselhando as pessoas sobre uma vida saudável, e reprimindo aqueles que eram negligentes. Se uma pessoa fosse teimosa e negasse levar uma vida sadia, o curandeiro a excluía de suas rondas e negaria a ela atenção médica quando ela necessitasse.

O simples método garantia que ambos o paciente e o curandeiro tivessem um interesse investido em manter a saúde - totalmente diferente do nosso presente uso da medicina.

Na medicina moderna, o salário de um médico está comprometido com o número de pacientes que ele atende diariamente, quantas comissões são pagas pelas companhias farmacêuticas, e quão altos são os preços dos seus serviços. Na medicina privada, pacientes ricos pagam mais por melhores médicos, o que gera um declínio na qualidade de cuidados daqueles com salários mais baixos.

Em adição a isso o sistema de hoje penaliza o médico cujos pacientes são sadios. De fato o praticante poderia teoricamente morrer de fome ou ser despedido porque ele conseguiu manter pessoas saudáveis!

As companhias farmacêuticas, com as quais vibramos todas as vezes que  anunciam uma nova droga ou tratamento para uma doença, estão presas no mesmo círculo de armadilhas. Se produzem uma droga que realmente deixe as pessoas boas, irão à falência. Daí o interesse que têm em nos manter vivos e indispostos. O sistema em sua totalidade – hospitais, empresas farmacêuticas, médicos, enfermeiros, e aqueles que zelam pela saúde – de fato se beneficiam por perpetuarem nossa saúde doente. É o único jeito que os trabalhadores do setor conseguem sustentar-se.

Mas esta realidade não é culpa de ninguém. Médicos não são más pessoas, pelo menos não  piores do que eu ou você. Eles estão presos num sistema que foi construído para maximizar lucros ao invés de saúde e bem-estar. Como resultado, pacientes - pessoas comuns – devem se proteger comprando seguros de saúde caros e dependerem do sistema judicial no caso de negligência médica.

Do outro lado os médicos são forçados a comprar seguros contra negligência médica para se protegerem de processos contra eles. Este sistema todo reflete uma situação muito doentia!

E qual o malfeitor que criou este sistema falido? É justamente a nossa própria ignorância da natureza. De fato, o sistema de saúde seja talvez o sintoma de vermos apenas uma metade da realidade que se manifesta mais agudamente.

## CURANDO O SISTEMA DE SAÚDE

Claro que não podemos emular o antigo sistema de saúde da China. Nós crescemos muito emaranhados nos nossos sistemas egoístas para desembaraçá-los sem causar que todo o sistema entre em colapso. O modelo Chinês, entretanto pode servir como um exemplo simples e barato de promover a saúde, exatamente como nosso sistema de saúde deveria ser.

Ninguém entende o equilíbrio melhor que os médicos. Em medicina, este estado é chamado "homeostase". A definição de acordo com o dicionário Webster é "um estado relativamente estável ou a tendência em direção a tal estado entre elementos diferentes, mas interdependentes ou grupos de elementos de um mesmo organismo.

Lembra -se da regra de colaboração e auto-satisfação que mencionamos no Capítulo 10? Em medicina, ele é expressa como a última parte desta definição: "elementos diferentes, mas interdependentes ou grupos de elementos de um mesmo organismo".

Homeostase é também o que define saúde e doença dentro de um corpo. Então médicos podem facilmente assimilar o conceito. Daí estudar ambas as qualidades da natureza – doar e receber – seria a primeira coisa a fazer. Isto irá criar uma consciência e um senso de urgência para mudar o sistema falho dos dias de hoje.

Qualquer um que já estudou biologia sabe que uma célula sadia dá o seu máximo suporte para o seu anfitrião, o organismo, e em retorno recebe o sustento e proteção do mesmo. Uma célula cancerosa faz justamente o oposto – ela tira o máximo que pode do organismo e não dá nada em troca. Como resultado o anfitrião é consumido e morre junto com o câncer.

Por esta razão, pesquisadores e médicos são os melhores candidatos para uma consciente mudança no coração. Eles irão entender a necessidade de uma garantia mutua entre todos os membros da humanidade, melhor que nenhuma outra pessoa. E eles também entenderão que o sistema de hoje tem seus dias contados, e que há uma pressão eminente para mudança.

Uma vez que estas pessoas inteligentes, que projetaram o mamute que nós chamamos de "medicina moderna", descobrirem o elemento que falta na equação, poderemos esperar a cura rápida e fácil do sistema de saúde. Por causa da complexidade do sistema de saúde de hoje, é vital que todos os seus participantes não somente tenham consciência da necessidade de equilíbrio, mas percebam isso simultaneamente. Então, assim como os sintomas de todas as doenças da humanidade aparecem mais agudamente no sistema de saúde, a cura irá manifestar-se mais precisa e dramaticamente neste sistema.

# ... E FICANDO CALMO

"Até agora o homem tem sido contra a Natureza; de agora em diante ele será contra sua própria natureza."

*— Dennis Gabor, Inventando o Futuro, 1964*

Pode parecer que a ecologia deveria ser o tópico mais fácil de tratar neste livro. Tornar todos os carros elétricos, todas as fábricas com gerador de energia solar ou energia eólica e fazer reciclagem de plástico. Então, pronto! O mundo será verde, bonito, e um lugar fresco outra vez. Mas se isto fosse tão fácil assim, por que nós não conseguimos até agora?

Existem muitas respostas a esta questão. A mais óbvia é que estamos tão ocupados ganhando dinheiro com combustíveis fósseis e plásticos baratos, que colocamos tudo de lado, incluindo o planeta – nossa casa e o que deixamos para nossos filhos. Outra resposta plausível é que a energia solar é simplesmente ineficiente e custosa e no caso de ser usada iria aumentar tanto o preço de eletricidade, que seu uso seria economicamente inviável.

Além disso, todos estes problemas concentram-se em questões técnicas e deixam de lado a verdadeira razão – nossa indiferença para com o futuro da nossa casa, a terra e nossa intolerância com a necessidade dos outros. Em resumo, como Dr. Gabor disse, o problema real é a natureza humana.

Hoje em dia, nossa falta de ação sobre o estado do nosso planeta é quase criminosa: estamos sujeitando partes do mundo a inundações que destroem as plantações das quais o povo se mantém, e estamos sujeitando outras partes do mundo a secas tão severas que pessoas morrem de sede. Então, por que somos tão sem coração em relação à natureza e em relação a nós mesmos?

A resposta é que esquecemos nossa raiz primordial – o equilíbrio das forças entre o desejo de doar e o desejo de receber. Nós vemos o equilíbrio em todos os níveis da natureza: o inanimado, vegetativo e animal. Nós humanos nos consideramos acima da natureza, talvez não em teoria, mas certamente na prática. Mas a verdade é que não estamos acima de nada. Nós somos parte da natureza.

Nós estamos no nível da fala, o mais desenvolvido nível da natureza. Por isso mesmo, somos a parte que mais influencia a natureza, nossas ações afetam todos os níveis da natureza. Mais importante que isso, nossa condição interna afeta o resto da natureza tão poderosamente como as nossas ações a afetam. E quando nossa condição interna está fora de equilíbrio, egoísmo, e falta de consciência da força de doar da natureza, a totalidade da natureza entra em egoísmo e falta de consciência da força de doar, todos nós sofremos – plantas, animais e pessoas.

Por esta razão, mesmo com veículos movidos a eletricidade e somente usando energia de recursos renováveis, o mundo não irá tornar-se mais receptivo. O que irá fazer a diferença será reconhecer o desejo de doar, e aprender como incorporar isso dentro das nossas vidas.

Considere isso: quando sofremos de um pequeno distúrbio como um resfriado comum, isso afeta todo o nosso corpo. Nós não conseguimos respirar facilmente, perdemos o nosso apetite, nossa temperatura aumenta, nos tornamos fracos, e nossa concentração diminui. Similarmente, o mundo é como uma pequena vila, e tudo que nos fazemos afeta todo mundo e tudo mais. Daí, devemos aprender sobre o equilíbrio da natureza no nível mais fundamental – o nível dos desejos – e implementá-los em nossas vidas.

Isso não significa que se eu ajudar uma senhora de idade a atravessar a rua, um furacão irá parar de soprar no Atlântico. Isso significa que se todos nós pensarmos no bem estar de todo mundo, pelo menos como pensamos de nós mesmos, porque queremos conhecer a força de doar, então todos nós juntos faremos o sofrimento uma coisa do passado.

Pode parecer fantástico, mas se você se lembrar que o único elemento dissonante e perturbador somos nós, faz perfeito sentido que quando estejamos unidos, em harmonia e em equilíbrio, o inferno que nosso planeta está se tornando irá se reverter. E a parte mais bonita disso é que não temos que fazer nada para que isso ocorra. Isso acontecerá por conta própria, porque nossos novos sentidos equilibrados irão guiar-nos em como gerenciar a nós mesmos e criar o céu na terra.

Isso é verdadeiro para ecologia como é para a economia, educação, saúde, e todos os outros aspectos de nossas vidas.

# EPÍLOGO

Eu intitulei este livro, Garanta Sua Saída da Crise: Como Você Pode Emergir Forte Da Crise Mundial, porque hoje não podemos confiar nos outros para que façam isso por nós. E a ironia a respeito deste título, como você pode ter reparado, é que embora o único jeito de sair desta crise é trabalhando juntos, a decisão de agir desta forma depende de cada um de nós.

Como já temos dito em todas as partes deste livro, o universo é construído com o equilíbrio de duas forças – o desejo de doar e o desejo de receber. E porque estas forças encontram-se em tudo que existe, todos os elementos no universo devem manter este equilíbrio dentro deles. Objetos e criaturas que não mantém isso dentro de si não conseguem sobreviver.

No mundo animal, os animais comem somente aquilo que necessitam e deixam o resto intocado. Desta forma, naturalmente o equilíbrio da natureza é mantido, pastando onde há mais grama, deixando livres as áreas onde a vegetação está fraca, ou atacando apenas animais fracos ou doentes. É assim que a natureza preserva e promove o bem estar das plantas e animais mais fortes e mais saudáveis.

Mas com o homem é a história é diferente. Através das nossas conexões com cada um, desejamos receber não somente da natureza, como os animais, mas também das pessoas. E quando começamos a explorar os outros, nós deixamos de estar alinhados com as duas forças da natureza porque estamos abusando do uso do desejo de receber e alienando o desejo de doar.

Desta forma, minamos o equilíbrio das duas forças que formam a vida, e com isso perturbamos a totalidade da natureza. As múltiplas crises diárias que enfrentamos na verdade são manifestações desta mesma desordem: o desequilíbrio que impomos à natureza. Se aprendermos a equilibrar estes desejos dentro de nós – pegarmos o que necessitamos e darmos o resto para a natureza e para a humanidade – nós imediatamente restauraríamos o equilíbrio e todos os sistemas se estabilizariam, como uma pessoa doente que de repente fica curada.

Como eu falei no Capitulo 10, em todos os níveis da criação, do nível atômico às mais complexas relações humanas, a existência só é possível através da colaboração e auto-satisfação. Então para sobrevivência da humanidade, todos nós devemos nos conscientizar do nosso potencial pessoal, através da contribuição para a sociedade em que vivemos. E hoje em dia a sociedade é o mundo inteiro.

Em direção à segunda década do século XXI, está muito claro que os dias de satisfazer o lado pessoal e o egocentrismo estão chegando ao fim. Desde o século XIX, a escola econômica predominante tem sido "Homo Economicus", o que constrói suas regras no conceito de que nós humanos somos "atores egoístas."

A fim de reverter esta tendência negativa e rapidamente curar o mundo, necessitamos uma pequena mas vital emenda: "*humanidade* econômica". As novas regras deveriam basear-se em seres humanos sendo atores interessados no *coletivo*.

No minuto em que mudarmos nossa atitude para beneficiar um ao outro, iremos corrigir o que estava errado desde os tempos de Babel, e o efeito será imediato. Hoje em dia, todo cientista, político, economista e empresário sabem que somos interdependentes. Por esta razão todos os líderes mundiais, desde o Obama, até Brown e Putin, estão pregando a unidade nos dias de hoje. Mas é necessário que *todos* no mundo inteiro, estejam envolvidos para alcançar o sucesso. Estamos todos sob a lei do equilíbrio da natureza; quando se conclui que é verdadeiramente uma responsabilidade de todos nós.

Para concluir, eu gostaria de fazer uma sugestão para que possamos cair fora desta situação: cada um de nós deveria se  perguntar o que eu posso fazer para o mundo e não perguntar o que o mundo pode fazer por mim.

# Sobre o autor

Michael Laitman, PhD, é professor de Ontologia, PhD em Filosofia e Cabala, e tem mestrado em Bio-cibernética. Ele é fundador e presidente do Bnei Baruch e Ashlag Instituto de Pesquisa (ARI), duas instituições internacionais baseadas em Israel com filiais em toda America do Norte e Canadá, Centro América e América do Sul, bem como no Oeste e Leste Europeu.

Em seu Web Site, www.kab.info, ele ensina gratuitamente, lições diárias de Cabala e espiritualidade para uma audiência de aproximadamente dois milhões de pessoas em todo mundo, transmitindo simultaneamente e traduzindo em oito línguas: Inglês, Espanhol, Hebraico, Italiano, Russo, Francês, Turco, e Alemão. O Prof. Laitman também se apresenta regularmente no Canal 66, que é transmitido pelo provedor de TV a satélite de Israel, YES.

# SOBRE O BNEI BARUCH

Bnei Baruch é um grupo de Cabalistas em Israel, que dividem a sabedoria da Cabala com todo o mundo. Os materiais de estudo em mais de 30 idiomas são baseados em textos autênticos de Cabala que foram passados de geração a geração.

**História e Origem**

Em 1991 após a morte de seu professor, O Rabash, Michael Laitman estabeleceu um grupo de estudos de Cabala chamado "Bnei Baruch". Laitman foi o melhor estudante do Rabash e também seu assistente pessoal e é reconhecido como o sucessor do Rabash em seu método de ensino.

O Rabash era o primeiro filho e sucessor de Baal HaSulam (1884-1954), o grande Cabalista do Século XX. Baal HaSulam foi o notável autor do comentário mais compreensível do *Livro do Zohar*, intitulado de *O Comentário do Sulam* (Escada). Ele foi o primeiro a revelar o método mais completo de ascensão espiritual.

Hoje em dia o Bnei Baruch baseia todos os seus métodos de estudo no caminho pavimentado por estes dois grandes lideres espirituais.

## O Método de Estudo

O inigualável método de estudo desenvolvido por Baal HaSulam e seu filho, o Rabash, é ensinado e aplicado diariamente pelo Bnei Baruch. Este método se apoia em recursos da Cabala autêntica, como o *Livro do Zohar* do Rabino Shimon Bar-Yochai, *A árvore da Vida* do Ari, e *O Estudo dos Dez Sefirot* de Baal HaSulam.

Enquanto o estudo se ampara em recursos da autêntica Cabala, é conduzido em uma linguagem simples e científica com uma abordagem contemporânea. O desenvolvimento desta abordagem fez do Bnei Baruch uma organização respeitada internacionalmente, tanto em Israel como em todo o mundo.

Esta união única entre método acadêmico de estudo e experiências pessoais aumenta as perspectivas dos estudantes e concede a eles uma nova perspectiva da realidade  em que vivem. As ferramentas necessárias para o estudo de si próprio e de sua realidade, são dadas àqueles que estão no caminho espiritual.

## A Mensagem

Bnei Baruch é um movimento diversificado com centenas de milhares de estudantes ao redor do mundo. A essência da mensagem disseminada pelo Bnei Baruch é universal: a unidade das pessoas, a unidade das nações e o amor ao ser humano.

Por milênios, Cabalistas tem ensinado que o amor ao homem deveria ser a fundação de todas as relações humanas. Este amor prevalecia nos dias de Abraham e o grupo que ele estabeleceu. Se nós criarmos um espaço para este "tempero", valores ainda contemporâneos, nós iremos descobrir que possuímos o poder de colocar as diferenças de lado e unirmos.

A sabedoria de Cabala, oculta por milênios, esperou por todo este tempo até que nós fossemos suficientemente desenvolvidos e aptos a receber sua mensagem. Agora ela esta emergindo como uma solução que pode unir diversas facções em todas as partes, nos permitindo, como indivíduos e como uma sociedade, adequar-nos aos desafios dos dias de hoje.

**Atividades**

Bnei Baruch foi criada sob a premissa de que "apenas pela expansão da sabedoria da Cabala para o público pode o mundo ser salvo da extinção" (Baal Ha Sulam)

Assim, Bnei Baruch oferece uma variedade de modos pelos quais as pessoas podem explorar a natureza e suas vidas, fornecendo orientação cuidadosa para ambos os principianres assim como para os estudantes avançados..

## Televisão

O Bnei Baruch fundou uma empresa de produção, ARI Filmes (www.arifilms.tv) especializado em produção de programas educacionais para TV em todo o mundo, e em várias línguas.

Em Israel, o Bnei Baruch estabelece seu próprio canal, que vai ao ar através de TV a Cabo e Satélite 24/7. Toda transmissões do canal é gratuita. Programas são adaptados para todos os níveis, desde iniciantes até mais avançados.

## Internet

O website do Bnei Baruch, www.kab.info, apresenta a sabedoria da autêntica Cabala, usando ensaios, livros e textos originais. Sendo hoje a maior e mais extensa fonte de material Cabalístico na rede, há uma completa biblioteca para que os leitores possam explorar detalhadamente a sabedoria da Cabala.

O Centro de Aprendizado online do Bnei Baruch oferece aulas gratuitas de Cabala para iniciantes, iniciando os estudantes em um amplo campo de conhecimento no conforto de suas casas.

O Canal de TV Bnei Baruch vai ao ar por Internet no www.kab.tv, oferecendo entre outros programas, as aulas diárias do Prof. Laitman com textos completos e diagramas. Todos estes serviços são oferecidos gratuitamente.

## Livros

Bnei Baruch publica livros autênticos de Cabala. Estes livros são essenciais para um completo entendimento da Cabala autêntica, explicado nas aulas do Prof. Laitman.

Laitman escreve seus livros de uma forma clara, em estilo contemporâneo, baseados nos conceitos de Baal HaSulam. Estes livros são vitais para uma conexão entre os leitores dos dias de hoje e os textos originais. Todos estes livros estão disponíveis para venda no www.kabalahbooks.info, bem como para download gratuito.

## Fundos

O Bnei Baruch é uma organização de ensino e compartilhamento da sabedoria da Cabala. Para manter sua independência e pureza de intenções, o Bnei Baruch não é financiado e de nenhuma maneira vinculado à nenhuma organização governamental e ou organização política.

Já que o volume de suas atividades é proporcionada gratuitamente, os recursos primários para as atividades de grupos são doações e dízimos, contribuições de estudantes com base voluntária e os livros do Laitman que são vendidos ao preço de custo.

www.ingramcontent.com/pod-product-compliance
Lightning Source LLC
Chambersburg PA
CBHW070538290526
45790CB00002B/549